Hans-Michael Klein / Christian Kolb

Mit Psychologie erfolgreich führen

Menschen verstehen – Verhalten steuern

POCKET BUSINESS

Cornelsen

Verlagsredaktion: Ralf Boden
Technische Umsetzung: Holger Stoldt, Düsseldorf
Umschlaggestaltung: Katrin Nehm, Berlin
Titelfoto: © Chris Nash / Getty Images
Zeichnungen: Jutta Golombek-Boden, Kürten

Informationen über Cornelsen Fachbücher und Zusatzangebote:
www.cornelsen-berufskompetenz.de

1. Auflage

Druck: Druckhaus Berlin-Mitte

ISBN-13: 978-3-589-23450-9
ISBN-10: 3-589-23450-4

Inhalt gedruckt auf säurefreiem Papier,
umweltschonend hergestellt aus chlorfrei gebleichten Faserstoffen.

Vorwort

„Ich lasse mir nichts mehr vormachen ..."

Ohne Psychologie läuft in unserer modernen Arbeitswelt nichts mehr, die Psychologisierung der Gesellschaft hat auch vor dem Business nicht Halt gemacht. Die Führungskraft von heute glänzt nicht mehr durch Fachorientierung, sondern durch psychologisch geschicktes und einfühlsames Management.
Die psychologische Aufrüstung aller Seiten hat längst begonnen: Vorgesetzte, Kollegen und Mitarbeiter arbeiten intensiv an Strategien und Techniken der Durchsetzung, Überzeugung und zuweilen auch Manipulation. Wer als Führungskraft nichts dagegensetzen kann, hat verloren. Das Buch gibt das notwendige psychologische Rüstzeug, um durch den Schleier der Worte und den Schein der Dinge zu erkennen, was wirklich gespielt wird.

Das kann und muss die moderne Psychologie für Führungskräfte von heute und morgen fördern:

- Menschenkenntnis: sich selbst und andere erkennen und richtig behandeln
- Versteckte Signale decodieren, Verhalten prognostizieren und steuern
- Manipulationsversuche durchschauen und abwehren
- Psychologische Gesetze kennen lernen und effektiv einsetzen
- Vorgesetzte, Kollegen und Mitarbeiter psychologisch managen

Wir wünschen Ihnen beruflichen und privaten Erfolg mithilfe der Psychologie.

Essen, im Sommer 2006

Hans-Michael Klein
Christian Kolb

Die Autoren

Dr. Hans-Michael Klein, Studium der Philosophie und Psychologie. Dozent für Unternehmenskultur. Leiter des Business-Training-Centre, Essen, www.b-train.de

Christian Kolb, Diplom-Ökonom. Dozent in der beruflichen Weiterbildung, Journalist, Unternehmensberater und Experte für Öffentlichkeitsarbeit, www.pressesprecher.de

Inhalt

1 Was ist Psychologie?

Ein Parcoursritt durch die Geschichte

1.1 Kurzgeschichte einer Revolution von Geist und Seele

Die Frage, ob der Mensch neben seiner materiellen Existenz (seinem Körper) noch aus weiteren Komponenten besteht, die man nicht unbedingt sehen und anfassen kann, beschäftigt die Menschheit schon, seit sie denken kann.

Die Wissenschaft begann mit Wundt

Als eigenständige wissenschaftliche Disziplin ist die Psychologie noch relativ jung. Sie wurde in der zweiten Hälfte des 19. Jahrhunderts durch Wilhelm Wundt begründet. Wundt war eigentlich Philosoph und sah die Psychologie auch zunächst als ein Teilgebiet der Philosophie an. Damit stand er in der Tradition seiner wissenschaftlichen Vorfahren, die seit der Antike die Beschäftigung mit der Seele des Menschen als Unterdisziplin der Philosophie begriffen.

Erste Anfänge: Antike Schocktherapien

Aus dem alten Ägypten und der griechischen Antike sind schon „Psychotherapien" bekannt. Dort wurden „Geisteskranke", die man als von Dämonen besessen ansah, mit teilweise recht drastischen Methoden „therapiert".
Es ist überliefert, dass die gängige Behandlungsform die „Schocktherapie" war. Der Kranke wurde durch inszenierte Grausamkeitsrituale in Angst und Schrecken versetzt. Sehr beliebt waren „Schein-Verhaftungen", bei denen der Patient von Häschern gefangen, in ein Verlies gesteckt und von einem scheinbar echten Gericht zum Tode verurteilt wurde. Nachdem man den Ärmsten noch einige Tage in der Todes-

zelle schmoren ließ, wurde er unter großem Tamtam zum Richtplatz geführt. Man legte ihm die Schlinge um den Hals oder zeigte ihm, was sonst an Tötungsmechanismen zur Verfügung stand und begann mit der Hinrichtungszeremonie. Erst im allerletzten Moment eilte ein Bote herbei, der eine „Begnadigung“ verkündete.
Aus dem reichen Fundus der Schocktherapien stammt auch der Gang über eine Brücke, die mit einer nicht sichtbaren Fallklappe ausgestattet war. Der Delinquent wurde aus einem vorgetäuschten Anlass über die Brücke geführt und fiel dann plötzlich tief ins kalte Wasser.
Aus Indien ist überliefert, dass man dort „Besessene“ in eine mit Kobras gefüllte Schlangengrube warf. Was nur die „Therapeuten“ wussten: Man hatte den Schlangen vorher die Giftzähne gezogen. Es wurden auch speziell abgerichtete Elefanten eingesetzt, die zum bedrohlich echt wirkenden Angriff ansetzten und in letzter Sekunde abbremsten.
Es ist übrigens verblüffend und gleichzeitig erschreckend, dass diese Horrorszenarien tatsächlich zu Heilungserfolgen geführt haben, wie antike Autoren glaubwürdig berichten. Bestätigung für die beschriebenen Wirkungen liefert auch wieder die moderne Forschung, die sich zum Beispiel mit Überlebenden von Schockereignissen wie Flugzeug-, Eisenbahn- oder sonstigen Unglücken beschäftigt. Statt in Depressionen zu verfallen, fühlen sich Überlebende wie neu geboren und genießen eine unbeschreibliche Freude, noch einmal davongekommen zu sein.
Natürlich handelt es sich bei diesem Gruselkabinett der Psychologiegeschichte nicht um eine systematische psychologische Wissenschaft im modernen Sinne. Es zeigt aber, dass die Beschäftigung mit der Seele des Menschen sowie deren „Therapie“ schon einige tausend Jahre alt ist.

Die erste Systematik

Die erste durchdachte Selbstbeobachtung zum Thema findet sich in der altägyptischen Überlieferung *„Gespräch des*

Lebensmüden mit seiner Seele" aus dem dritten Jahrtausend v. Chr. Der griechische Philosoph Aristoteles (384 bis 322 v. Chr.) war einer der Ersten, der zu einer gewissen Systematik seelischer Phänomene fand. Er verfasste eine Abhandlung, die den Titel *„Über die Seele"* (De Anima) trägt. Sein Schüler Theophrast (um 390 v. Chr.) gründete darauf den ersten Versuch einer Festlegung psychologischer Charaktertypen (vgl. Choleriker, Melancholiker etc.)

Der Begriff „Psychologie" wird geboren

In der christlichen Spätantike befasste sich der große Kirchenvater Augustinus in seinem Werk *„Confessiones"* (396) mit der Psyche des Menschen. Danach passierte erst einmal längere Zeit nichts mehr, bis Philipp Melanchthon 1540 seinen berühmten *„Kommentar über die Seele"* veröffentlichte. Jetzt endlich schlägt die Geburtsstunde der Psychologie, allerdings zunächst lediglich als Begriff. Melanchton benutzt als Erster das Wort „Psychologie", reiht sie aber noch als Teilgebiet der Philosophie ein.

Interessant wird es dann im 17. Jahrhundert. Thomas Hobbes und seine empiristischen Kollegen beschäftigen sich unter anderem mit psychischen Phänomenen wie Gedächtnis und Lernen sowie Gefühlen wie Angst, Lust, Schmerz usw. Gemäß ihrem „mechanistischen" Weltbild, nach dem die Welt nichts weiter als eine große und der Mensch eine kleine Maschine ist, glaubten auch sie, dass die Seele nach berechenbaren naturwissenschaftlichen Prinzipien funktioniere. Von einem „Unbewussten", das sich einer rationalen Erfassbarkeit entzieht, wollten sie nichts wissen. Solche Spekulationen nannten sie „Seelengespenster".

Dem deutschen Philosophen Gottfried Wilhelm Leibniz ließ eine solche einseitige Sicht keine Ruhe. Im Jahre 1704 verfasste er eine Abhandlung, in der er erstmalig die Existenz eines „Unbewussten" thematisiert.

Johannes Nikolaus Tetens griff diese Thesen 1777 in seinem Buch *„Philosophische Versuche über die menschliche Natur* *und ihre Entwicklung"* auf. Dass er sich mit diesem Werk, in dem er eine (noch heute gültige) Einteilung psychologischer Prozesse vornimmt, zu einem der vielen „Väter der Psychologie" machte, wusste er nicht. Das wusste von sich aber Wilhelm Wundt, der 1879 in Leipzig das erste „psychologische Laboratorium" gründete.

Die Psychologie wird eigenständige Wissenschaft

Mit den Forschungen von Wilhelm Wundt entsteht ab etwa 1879 die Psychologie als eigenständige Wissenschaft, die sich aus der Einordnung in die Philosophie „befreit". Aus aller Welt eilten jetzt Philosophen herbei, konvertierten und gingen als getaufte „Psychologen" heim, um sich dort vor allem dem Unbewussten zu widmen. Dies konnte allerdings niemand so erfolgreich wie Sigmund Freud aus Wien, der als bekanntester Begründer der Psychologie in die Geschichte eingegangen ist. Obwohl er den Begriff „Unbewusstes" nicht erfunden hat, hat er sich als Erster systematisch mit diesem Phänomen beschäftigt und es populär gemacht.

1.2 Definition des Begriffs Psychologie

Erst seit Freud lässt sich eine Definition dessen geben, was gemeinhin unter dem Begriff „Psychologie" subsumiert wird. Das bedeutet nun nicht, dass es – etwa wie bei den Naturwissenschaften – ein einheitliches, konsistentes System dieser Wissenschaft gäbe. Aufgrund der zu beobachtenden Vielfalt der unterschiedlichsten Schulen und Disziplinen, die einander teilweise diametral widersprechen, wird die Psychologie von Kritikern oft sogar als „vorwissenschaftlich" bezeichnet.
Dennoch kann man gewisse Gemeinsamkeiten erkennen, die im Sinne einer Zusammenfassung der unterschiedlichen Betätigungsfelder der Psychologie folgende Definition sinnvoll machen:

Psychologie ist die Wissenschaft vom seelischen Erleben und Verhalten des Menschen als Individuum und in Gruppen. Sie fragt nach den Zielen, Motiven und handlungsleitenden Grundsätzen des Verhaltens und bemüht sich, dieses zu erklären, wenn möglich vorherzusagen und bei negativen Tendenzen eventuell zu korrigieren.

Die moderne Psychologie teilt sich auf in folgende Fachgebiete:	Auf diesen Grundlagenfächern bauen die „Anwendungsfächer“ auf:
◆ Allgemeine Psychologie ◆ Lernpsychologie ◆ Gedächtnisforschung ◆ Wahrnehmungspsychologie ◆ Kognitionspsychologie ◆ Motivationspsychologie ◆ Entwicklungspsychologie ◆ Sozialpsychologie ◆ Völkerpsychologie ◆ Religionspsychologie ◆ Psychophysiologie ◆ Persönlichkeitspsychologie ◆ Differenzielle Psychologie	◆ Arbeitspsychologie ◆ Betriebspsychologie ◆ Berufspsychologie ◆ Organisationspsychologie ◆ Pädagogische Psychologie ◆ Klinische Psychologie ◆ Werbepsychologie ◆ Forensische Psychologie

1.3 Die verschiedenen Schulen und Richtungen der Psychologie

Es gibt allein in Deutschland über 3.000 verschiedene psychologische Richtungen, Systeme, Schulen, Therapieformen usw. Diese reichen von Verbänden mit mehreren tausend Mitgliedern bis hinunter zu „Ich-AGs“, bei denen der Gründer gleichzeitig auch das einzige Mitglied ist. Aus dieser

Vielfalt wollen wir im Folgenden die wichtigsten Strömungen herausgreifen und exemplarisch vorstellen.

Die Psychologie, die in die Tiefe geht

Die Entdeckung des Unbewussten

Beginnen wir mit dem wohl bekanntesten Vertreter der modernen Psychologie, Sigmund Freud. Auf seiner berühmten Couch ließen sich entspannte Patienten tief in ihr Seelenleben blicken. Deshalb heißt diese Psychologie auch „Tiefenpsychologie". Freud greift von Leibniz die Vorstellung von der Existenz eines „Unbewussten" auf und widmet sein ganzes Leben der Erforschung dieses Phänomens. Wir erinnern uns: Leibniz kam zu der Vermutung, dass es neben unserem rationalen Verstand noch eine Sphäre in unserem Seelenleben geben müsse, die sich der unmittelbaren Erkenntnis und Messbarkeit entzieht.

Der wohl am wenigsten umstrittene Beleg für die Existenz des Unbewussten zeigt sich im Traumerleben. Dieses ist uns zwar in der Erinnerung bewusst, die Regie und Ausgestaltung des Träumens können wir aber nicht willentlich beeinflussen. Unser Bewusstsein versteht oft den Inhalt der Träume nicht. Daher stellen sich uns die Projektionen des Unbewussten oft als etwas Fremdartiges und Unverständliches dar. Auch alles, was wir unter dem Begriff „Instinkt" oder „Bauchdenken" subsumieren, fällt in den Bereich des Unbewussten.

Das Unbewusste erkunden durch Hypnose

Besonders augenfällig zeigt sich dieses Phänomen angesichts von Bewusstseinszuständen, die sich in der Hypnose zeigen. Während der Hypnose kommen verschüttete oder „verdrängte" Schichten unseres Seelenlebens zutage, die dem Hypnotisierten nach der Hypnose nicht mehr bewusst sind. Überhaupt war die Hypnose ein ganz wichtiger Anstoß für Freud, er hatte mit großem Interesse die Forschungen zur Hypnose von Prof. Charcot an der Pariser Salpêtrière ver-

folgt. Charcot erzielte erhebliche Heilungserfolge dadurch, dass er seine Patienten in einen hypnotischen Schlafzustand versetzte. Insbesondere gelang es ihm durch diese Technik, die damals sehr verbreitete „Hysterie“ zu therapieren. Charcot und seine Zeitgenossen waren der Ansicht, dass der Heilungserfolg allein durch den hypnotischen Schlaf zustande kam.
Im Verlauf seiner eigenen Forschungen kam Freud zu der (heute nicht ganz unumstrittenen) Erkenntnis, dass nicht der Schlaf selbst den Therapieerfolg bewirkte. Der Heilungsprozess rühre vielmehr daher, dass im Hypnosezustand verdrängte traumatische Erlebnisse erinnert werden, an die Oberfläche gelangen und durch die schockartige Konfrontation die Heilung herbeiführen.

Die Hypnose wird ersetzt durch die Psychoanalyse
Die Hypnose ist ein relativ aufwändiges Verfahren und nicht jeder Mensch ist hypnotisierbar. Freud suchte also nach einer Methode, die eine ähnliche Konfrontation mit verdrängten traumatischen Erlebnissen erzeugte, ohne dass dazu eine Hypnose erforderlich war. Er entwickelte dazu das Instrument der Psychoanalyse.
Diese vollzieht sich im Wesentlichen dergestalt, dass der Patient sich in einer weitestgehend entspannten, liegenden Haltung freien Einfällen und Assoziationen überlässt. Er berichtet davon dem Therapeuten und „plaudert“ unkontrolliert über Konflikte, Erinnerungen, Träume und seelische Verletzungen (Traumata). Die dabei zutage tretenden Ängste, Triebverdrängungen und Seelennöte stammen meist aus frühester Kindheit und haben über Jahre oder Jahrzehnte unverarbeitet in der Seele des Patienten geschlummert und dort ihr Zerstörungswerk angerichtet.
Der Therapeut deutet nun die erhaltenen Informationen und kristallisiert dabei wichtige Kernprobleme heraus. Damit konfrontiert er dann den Patienten und führt ihn so zu einer Bewusstmachung des Verdrängten. Der größte Erfolg wird erzielt, wenn es dem Therapeuten gelingt, den Patienten

dazu zu bringen, seine unbewussten Nöte auf den Arzt zu übertragen und damit abzureagieren.
Freud lebte in einer Zeit, deren Kultur von einer ausgeprägten bürgerlichen Prüderie bestimmt war. So wurde mit dem Thema Sexualität alles andere als frei umgegangen. Freud ging daher davon aus, dass viele Krankheitsbilder durch die gesellschaftliche Ächtung und Unterdrückung sexueller Triebe entstehen. Das zum Triebverzicht verurteilte Bewusstsein sucht demnach seine Triebenergie aus der Tabuzone heraus in gesellschaftlich akzeptierte Bahnen zu lenken. Dazu bedient es sich nach Freud bestimmter Symbole, die für sich genommen „harmlos“ erscheinen, es inhaltlich aber „in sich haben“. Das heute noch wohl populärste Beispiel hierfür ist das „Phallussymbol“, das Freud in Schlangen und allerlei anderem Getier und Gegenständen ausmachte.

Verhaltenspsychologie

Die Tiefenpsychologie blieb nicht unwidersprochen. Es traten viele Kritiker auf den Plan, die sich vor allem an den doch sehr subjektiv gefärbten Interpretationen der Patientenäußerungen durch den Psychoanalytiker oder Therapeuten störten. Um diese Subjektivität weitgehend durch objektiv messbare Kriterien zu ersetzen, bildete sich besonders in den USA eine psychologische Richtung aus, die ausschließlich auf die Untersuchung und Veränderung des objektiv beobachtbaren Verhaltens setzte.
Diese Verhaltenspsychologie wurde in den USA in den Dreißigerjahren durch Frederic Skinner und John B. Watson begründet. Sie bezieht sich im Wesentlichen auf die von Skinner entwickelte Lerntheorie nach dem Prinzip Belohnung und Strafe. Dieses Prinzip war zunächst dem Tierverhalten angelehnt, nach dem sich ein belohntes Tier willig zeigt, ein bedrohtes Tier dagegen nach den drei Verhaltensmodi reagiert, sich tot zu stellen, zu fliehen oder zu kämpfen.

Es gibt noch eine vierte denkbare Variante. Die besteht darin, dass das Tier eine negative Erfahrung nutzt, um etwas Neues zu lernen, das ihm hilft, unangenehme Situationen zu vermeiden.

Klartext statt Kaffeesatz

Das waren klare Fakten und hatte nichts mit den Spekulationen der Tiefenpsychologen bezüglich verborgener Seelenzustände zu tun. Diese wurden von den Verhaltenspsychologen überhaupt stark angezweifelt mit der Tendenz, die Existenz des Seelischen zu leugnen. Die Verhaltenspsychologen hielten die Übertragung der durch Tierexperimente erworbenen Erkenntnisse auf den Menschen durchaus für möglich. Sie entwickelten dazu eine Methode zur Therapie psychisch bedingter Erkrankungen und bedienten sich dazu der menschlichen Reflexe und Reaktionen analog zum Strafe-/Belohnungssystem.

Brechreiz statt Seelen-Striptease

Hier ein konkretes Beispiel für eine Verhaltenstherapie: Ein Alkoholsüchtiger wird nicht nach seiner schweren Kindheit und dem Verhältnis zum Vater befragt oder gar auf die Couch gelegt, um seine tiefsten Seelenqualen zu ergründen, sondern es wird versucht, durch ein simples Reiz-Reaktionsschema sein Verhalten in eine für ihn gesunde Richtung zu korrigieren. Er bekommt dazu ein Medikament, das über mehrere Monate starken Brechreiz auslöst, sobald er Alkohol trinkt. Nach der Theorie der Verhaltenstherapie sollen diese einschneidenden Erlebnisse dazu führen, dass das unerwünschte Verhalten für alle Zukunft vermieden wird.
Kritiker der Verhaltenspsychologie geben zu bedenken, dass die beschriebenen drastischen Maßnahmen nur bei Patienten wirken, die sehr unbewusst leben und deren Sucht oder überhaupt unerwünschtes Verhalten nicht das Resultat tief greifender seelischer Störungen ist. Liegen solche Störungen vor, sei der therapeutische Erfolg der Verhaltenspsychologie nicht von Dauer.

Die Pawlowschen Reflexe: Steckt in jedem Mitarbeiter ein Schäferhund?

Der wohl bekannteste Vertreter dieser Richtung ist der Russe Iwan Petrowitsch Pawlow mit seinen berühmten konditionierten Hunden. Er entwickelte die Theorie der bedingten Reflexe. Obwohl er zunächst schwerpunktmäßig mit Hunden experimentierte, zeigten spätere Versuche mit Menschen, dass die gewonnenen Erkenntnisse durchaus auch übertragbar sind. Er entdeckte dabei sehr interessante Gesetzmäßigkeiten über Verhaltensmuster. Da diese auch für uns in der Mitarbeiterführung von eminenter Bedeutung sind, wollen wir darauf näher eingehen.

Wenn wir wissen, dass Menschen in bestimmten Situationen mit festgelegten angeborenen Verhaltensmustern reagieren, können wir das Verhalten der Menschen unserer Umgebung mehr oder minder genau vorhersagen. Dies hilft uns natürlich sehr in der Abschätzung des Erfolgs unserer geplanten Maßnahmen. Auf diese Weise lassen sich insbesondere auch Situationen vermeiden, die zu einem unerwünschten, negativen oder konfliktträchtigen Verhalten führen könnten.

Mitarbeiter reagieren auf „Change Management“: Flucht, Angriff, tot stellen

Das „Grundgesetz“ der Verhaltenspsychologie ist die Erkenntnis der Reaktionsschemata auf unterschiedliche Arten von Reizen. Für uns besonders interessant sind die Reaktionsmuster auf negative Reize wie Gefahr oder Stress und auf positive Reize wie Belohnung. Vereinfachend lässt sich dazu sagen, dass jemand, der durch eine bedrohliche Situation geschockt wird, mit drei Verhaltensmodi reagiert: Flucht, Angriff oder sich tot stellen. Nach diesem einfachen Reaktionsmuster reagieren nicht nur die meisten Tierarten, sondern auch die Spezies Mensch vom Steinzeitmenschen bis zum Homo Laptop. Hier zeigt sich einmal mehr, dass der Spruch vom Neandertaler in Nadelstreifen durchaus seine Berechtigung hat. Als Beispiel kann hier die Reaktion von Mitarbeitern auf Veränderungsprozesse dienen. Das Schema Flucht, Angriff oder sich tot stellen ist das gängige Muster, nach dem ganze Abteilungen auf die Zumutungen reagieren. Für welche der drei Formen sich der Einzelne entscheidet, ist abhängig von seinem persönlichen charakterlichen und mentalen Zuschnitt.

Wenn Flucht, Angriff, tot stellen nicht möglich sind, Ausweg in die Neurose

Problematisch wird es, wenn dem Betroffenen alle drei Reaktionsweisen unmöglich gemacht werden. Entweder dadurch, dass sie – wie im Tierexperiment – in engen Käfigen sitzen oder aber in einem Unternehmen von einem überaus strengen Chef geführt werden, der sie in jeder Sekunde beobachtet und kontrolliert. Die Abwehrreaktion richtet sich dann gewissermaßen nach innen gegen den eigenen biologischen Organismus. Wer sich auf diese Weise selbst angreift, entwickelt dadurch neurotische Symptome. Diese können sich zum Beispiel in Zwangshandlungen („Tick") oder in psychosomatischen Krankheiten äußern.

Bei Überforderung schaltet das Gehirn ab

Wenn keine der drei Verhaltensreaktionen (Flucht, Angriff, tot stellen) möglich sind, bildet das Gehirn eine so genannten Schutzhemmung aus. Dieser Schutzmechanismus bewahrt das Gehirn oder den übrigen Organismus davor, lebensbedrohlichen Schaden zu nehmen. Bevor sich also ein „normaler" Mensch durch seine Verzweiflung in den Selbstmord treiben lässt oder seine psychosomatischen Symptome wirklich lebensgefährlich werden, schaltet sein Gehirn gewissermaßen auf „Notbetrieb". Normale Reaktionsmuster werden ausgeblendet und es zeigen sich Stressverarbeitungsstrategien, die aus Sicht eines normalen Menschen in neutraler, stressfreier Atmosphäre als höchst abnorm zu bezeichnen sind. Er stumpft ab und wird immun gegenüber schlimmsten Grausamkeiten.

Hält dieser Stress über einen längeren Zeitraum hinweg an, verfestigt sich das Reaktionsmuster derart, dass es sich los-

löst von der tatsächlichen konkreten Bedrohung. Die Stressreaktionen werden dann auch schon ausgelöst durch ein an sich harmloses, abstraktes Signal einer Bedrohung. Dies kann dann ein Wort, ein Geräusch, ein bestimmter Geruch oder ein Bild sein, das den Betroffenen an die konkrete Gefahrensituation erinnert.
Pawlow war auf dieses Phänomen aufmerksam geworden aufgrund eines Unglücksfalls in seinem Labor. Seine in Käfigen untergebrachten Versuchshunde waren durch eine Überschwemmung außerplanmäßig einer tödlichen Gefahr ausgesetzt gewesen. Der nahe gelegene Fluss Newa war über die Ufer getreten und hatte die Laborräume unter Wasser gesetzt. Man konnte den eingesperrten Hunden erst in allerletzter Sekunde helfen, als die Laborräume schon fast völlig überflutet waren und die Hunde von dem Wasserdruck gegen die Decken ihrer Käfige gedrückt wurden und jeden Moment zu ertrinken drohten. Die Todesangst hatte sich im Gedächtnis der Versuchstiere derart intensiv eingeprägt, dass sie noch lange nach der Befreiung stärkste Angstreaktionen zeigten, wenn man sie mit einer unbedeutend geringen Wassermenge wie etwa einem dünnen Rinnsal konfrontierte.

Typische Reaktionsmuster bei Stress und Überforderung

Pawlow entdeckte drei Verlaufsphasen von Reaktionen:

Die drei Reaktionsmuster bei Stress und Überforderung

- die äquivalente Phase
- die paradoxe Phase
- die ultraparadoxe Phase

1. Die äquivalente Phase: Der Mensch stumpft ab

In dieser Phase reagiert das Gehirn auf alle Reize, gleichgültig ob sie stark oder schwach sind, gleich. Ein Beispiel hierfür die „Abstumpfung“ in länger währenden Ausnahmesituationen, zum Beispiel Krieg, Geiselnahme, Schiffbruch etc. Ist einmal eine bestimmte Stufe des Schreckens erreicht, stumpft das Gehirn gegen weitere Grausamkeiten ab. Routinierte Bomberpiloten zeigen nach gewisser Zeit keine veränderten Gefühlsreaktionen, ob sie den Tod von einem oder tausenden von Menschen verursachen.

2. Die paradoxe Phase: Explosion aus nichtigem Anlass

Wird die Spannungsbelastung weiter gesteigert, kommt es zu scheinbar paradoxen Reaktionsbildern. Diese zeichnen sich einerseits durch eine weitere Abstumpfung gegenüber Leid, Grausamkeit usw. aus, andererseits durch eine Hypersensibilisierung vergleichsweise schwacher Reize. Andauernde, eigentlich unerträgliche Stresssituationen lassen parallel zu der eintretenden Abstumpfung ein „Stresskonto“ anschwellen. Es genügt dann ein nichtiger Anlass, um diese aufgestaute Affektladung explodieren zu lassen.
Beispiele hierfür sind Kriegsopfer, die unvorstellbares Leid ertragen, den Tod von Freunden und Angehörigen erleben mussten und vielleicht noch zusahen, wie das eigene Haus abbrannte und die Existenz vernichtet wurde. Aufgrund dieser unerträglichen Zumutungen haben sich die Betroffenen in ein Phlegma geflüchtet, das von Außenstehenden nur als „Gefühlskälte“ bezeichnet werden kann. Diese Leidgeprüften geraten dann aber oft völlig außer Fassung, wenn ihnen ein Kuchen misslingt oder einem Mitmenschen ein unbedeutender Fehler unterläuft.

3. Die ultraparadoxe Phase: Aus Feinden werden Freunde

Wenn die Spannungsbelastung jedes erträgliche Maß überschreitet, erfolgt der völlige Zusammenbruch des bisher entwickelten Reflex- und Reaktionsmechanismus. Es kommt zu einer so genannten Reaktionsumkehr. Jetzt werden positive Verhaltensweisen negativ und negative positiv. Beispiel: Aus Liebe wird Hass. Bei Geiselnahmen kommt es immer wieder

zu dem eigentlich unerklärlichen Phänomen der Verbrüderung zwischen Geiseln und Geiselnehmern. Diese vollzieht sich unter Umständen selbst dann noch, nachdem im schlimmsten Fall sogar schon Geiseln zu Schaden gekommen waren oder gar getötet wurden. Im Krieg kommt es zuweilen nach einem fürchterlichen Gemetzel, das jede Vorstellungskraft überschreitet, zu paradox erscheinenden Verbrüderungsszenen zwischen den Feinden. Soldaten, die sich noch kurz zuvor bis aufs Blut bekämpft hatten, fallen sich nun in die Arme und teilen die letzte Ration Lebensmittel miteinander. In dieser absoluten Überforderung und Ausnahmesituation sind alle bisher den Menschen durch Erziehung vermittelten Werte, Verhaltensweisen, Angsterlebnisse, Aggressionen sowie sämtliche Moralvorstellungen, Glaubensbekenntnisse und politischen Einstellungen auslöschbar und in ihrer Zielrichtung umkehrbar.
Auf extremen Stresssituationen und Angsterlebnissen basieren auch die vielfältigen Formen von „Gehirnwäsche", mit denen z.B. Kriegsgefangene „umgedreht" werden.

Am Ende steht die Depression

Die ultraparadoxe Phase endet mit der Entwicklung einer Depression. Hierbei handelt es sich um eine „Bewusstseinsabsenkung", einen Wechsel von aktiver Bewusstseinstätigkeit zur Passivität. Der Mensch kontrolliert sich in diesem Zustand nicht mehr über sein Bewusstsein, dieses wird vielmehr von Vorstellungen gelenkt, die sich aus dem Unterbewussten dem Bewusstsein aufdrängen. Der Mensch denkt nicht mehr, er wird gedacht.

Konsequenz für Sie als Führungskraft!

Angesichts der Drastik der vorstehenden Schilderungen könnte man sich nun als Führungskraft entspannt zurücklehnen und denken: „Nun ja, das betrifft uns in unserem Unternehmen ja gottlob nicht. So schlimm wie der Zweite Weltkrieg ist unser Betriebsklima ja nun wirklich nicht."

Zur Entwarnung gibt es leider keinen Anlass. Sicherlich ist ein modernes Unternehmen alles andere als ein Kriegsgefangenenlager, die vorgestellten Mechanismen und Verhaltensmuster funktionieren jedoch in unterschiedlichen Intensitätsstufen. Auch der moderne Mensch, der in einer Technologie- und Informationsgesellschaft groß wird und von den genannten Grausamkeiten weitgehend verschont bleibt, ja der vielleicht nicht einmal in seinem Leben einen Toten zu Gesicht bekommt, kann dennoch exakt die gleichen Symptome entwickeln wie jemand, der den schlimmsten Grausamkeiten ausgesetzt ist. Nur eben auf einer niedrigeren Erlebnisstufe.

Nicht die Dosis macht's, sondern der Kontext

Wer in einer „behüteten" Atmosphäre aufwächst, für den kann das Aussuchen eines passenden Blumenbouquets zu einer Geburtstagsfeier mit den gleichen Gefühlswallungen und Seelenqualen verbunden sein, wie die leidvollen Erlebnisse eines Bürgerkriegsopfers. Es kann in beiden Fällen aber auch zum normalen Alltagserleben werden, das das Seelenleben völlig kalt lässt.

> Die Skala der Emotionen ist im Prinzip bei allen Menschen die gleiche. Sie ist aber abhängig von dem situativen Kontext, in dem Erfahrungen gemacht wurden. Dieser entscheidet dann, auf welcher Stufe die Skala ansetzt.

Ein Beispiel:

Nehmen wir einmal an, jedes Schreckensereignis, jedes Angsterlebnis oder überhaupt jeder negative Reiz würde mit einem Punkt bewertet. Nehmen wir weiter an, bei 29 Punkten wäre die Belastungsgrenze des für den Menschen Erträglichen erreicht. Dann würde bei 30 Punkten die erste Phase einer Schutzhemmung, die äquivalente Phase beginnen. Bei 60 Punkten ginge sie in die paradoxe Phase und bei 90 in die ultraparadoxe Phase über, um dann bei 100 Punkten zur Depression zu führen.

Dieses Punkte-Belastungsgrenzen-Schema ist bei allen Menschen ähnlich, unterschiedlich ist nur die Intensität der erlebten Schreckensereignisse. Es stellt sich also die Frage, wo der erste „Reizpunkt" ansetzt. In der wohl behüteten Lebensatmosphäre ist diese Reizschwelle wesentlich niedriger und kann schon bei einem objektiv nichtigen Anlass erreicht sein, in einer von Abstumpfungsprozessen begleiteten extremen Reizsituation entsprechend höher.

Die Pfützen, in die man fällt, sind tiefer als die tiefsten Ozeane

So kann bei einer Mitarbeiterin, die in ihrem Arbeitsumfeld nur Frustrationen erlebt und beispielsweise durch Kollegen gemobbt wird, die psychische Belastung derart überfordernd sein, dass sie alle einzelnen Phasen der Schutzhemmung bis hin zur Depression entwickelt. Dabei ist es völlig gleichgültig, dass andere Menschen an anderen Orten der Erde weitaus schlimmeren Qualen ausgesetzt sind. Dies kann so weit gehen, dass Symptome entwickelt werden, obwohl es objektiv überhaupt keine Bedrohung gibt. Sie entstehen oft alleine durch Signale einer Bedrohungssituation wie etwa (vielleicht falsch interpretierte) Bemerkungen von Kollegen. Manchmal reichen dazu aber auch vermeintliche Enttäuschungen, die gar nicht aus äußeren Zwangsumständen resultieren, wie zum Beispiel Minderwertigkeitsgefühle oder Hoffnungslosigkeit und Lebensüberdruss. Ist es erst einmal dazu gekommen, sind die entsprechenden Stimmungs- und Gefühlslagen dauerhaft. Sie lassen sich dann auch leider nicht mehr durch einen Wechsel der Lebensbedingungen oder der äußeren Umstände beseitigen.

Alfred Adler und sein „Minderwertigkeitskomplex"

Der Begriff Minderwertigkeitsgefühl führt uns direkt zu einem der großen Kritiker von Freud und Pawlow: Alfred Adler. Dieser kritisierte sowohl die Tiefenpsychologie als auch den puren Behaviorismus (Verhaltenspsychologie) von

Pawlow als zu einseitig und simplifizierend. Er spricht von einem Minderwertigkeitskomplex, für den er eine allzu autoritäre Erziehung und Repression im Kindesalter verantwortlich macht. Er erkannte in seinen Forschungen, dass die Verhaltensstrukturen des Menschen schon in frühester Jugend angelegt werden und sich zunächst an bestimmten Leitbildern orientieren. Diese Leitbilder sind in der Regel sich durch Personen der näheren Umgebung (Eltern usw.) manifestierende „Vorbilder".

Das Kind ist klein und schwach … und ziemlich frech – wenn es gesund ist

Da diese Vorbilder zwangsläufig in fast allem dem Kind überlegen sind, fühlt sich dieses schwach und minderwertig. Wer einmal die durch Wut und Aggression kompensierte Verzweiflung von jüngeren Geschwistern darüber, dass der ältere Bruder oder die ältere Schwester alles viel besser kann, erlebt hat, wird diesen Eindruck bestätigen können. Adler geht nun davon aus, dass aus diesem Minderwertigkeitsgefühl ein Machttrieb entsteht. Das kleine Kind möchte auch so groß und stark sein wie die älteren Geschwister und die Eltern. Da das aber nicht funktionieren kann, entwickelt das Kind ein psychisches Ausgleichssystem zur Lebenssicherung, sozusagen einen Überlebensplan.
Adler spricht hier von einer positiven Kompensation. Diese liegt dann vor, wenn das Kind einen Lebensentwurf plant, der ihm hilft, das notwendige Persönlichkeitsgefühl für ein sinnvolles und erfülltes Leben zu entwickeln. Positiv ist es dann, wenn der Minderwertigkeitskomplex zur Kompensation der Defizite motiviert. So ist oft bei Personen mit körperlichen Mängeln ein besonderer Ehrgeiz, diese auf anderen Gebieten wettzumachen, zu beobachten.

Wer sich allzu schwach fühlt, flieht in die Krankheit

Wird allerdings der Minderwertigkeitskomplex übermächtig, ist dem Menschen ein positiver Ausgleich nicht möglich. Es kommt dann zur Aufstauung von Aggressionen und zur Entwicklung von Krankheitsbildern wie Neurosen und Depressionen oder überhaupt zu einer Flucht in die Krankheit. Die Krankheit ist dann ein Ventil, um mit als Überforderung empfundenen Situationen fertig zu werden. Der Kranke zieht einen Gewinn aus seiner Krankheit zum Beispiel dadurch, dass er von seiner Umgebung geschont wird. Wir alle kennen Mitarbeiter, Kollegen und (seltener) Vorgesetzte, die in erstaunlicher Offenheit für Trends regelmäßig an wechselnden Modekrankheiten leiden. Sie reden auch gerne ausgiebig darüber und fordern von aller Welt besondere Rücksichtnahme, Verständnis und vor allem Schonung. Dass es oft wirklich nur Modekrankheiten waren, merkt man erst, wenn die Mode sich ändert. Dann wird allgemein verspottet, was gestern noch heilig war. Das hält aber niemanden davon ab, dem neuesten Krankheitstrend den nötigen Respekt zu erweisen.

Krankheit als Mythos: Heilung durch Aufklärung

Bei dem Phänomen „Flucht in die Krankheit" setzt auch die Therapie von Adler an. Er hält es für die wichtigste Aufgabe, dem Patienten diese Fluchtfunktion in seine Krankheit mit strenger Deutlichkeit aufzuzeigen. Insbesondere werden seine Ausflüchte als ebensolche entlarvt und dem Patienten bewusst gemacht. Dieser wird ermutigt und soll dazu gebracht werden, seine Minderwertigkeitsgefühle als unberechtigt zu erkennen. Ziel der Therapie ist es dabei, ein gesundes und vor allem „funktionierendes" Menschsein zu ermöglichen. Gradmesser für dieses „Funktionieren" ist dabei das Verhalten in drei wichtigen Lebensbereichen: Arbeit, Liebe und Mitmenschlichkeit.

Konsequenz für Sie als Führungskraft!

Für Adler ist der Mensch vom Grundsatz her gut und lernfähig. So hält er es für möglich, den Menschen durch Beratung und Erziehung zu seiner Selbstverwirklichung und damit auch Freiheit (von selbst auferlegten Zwängen) zu führen. Diese Vorstellungen haben weitgehend unsere moderne Pädagogik, aber auch die meisten Führungsmodelle beeinflusst. Die Führungskraft wird hier als „Erzieher", Motivator und Mentor betrachtet, deren Aufgabe es ist, Mitarbeiter in ihrem Selbstwertgefühl zu stärken.

Kognitive Psychologie

Der Mensch ist kein Tier

Die Übertragung tierischer Verhaltensmuster (wie in der Verhaltenspsychologie) auf den Menschen bringt auf den ersten Blick überzeugende Ergebnisse. Allerdings nur auf den ersten Blick, beim näheren Hinsehen zeigt sich, dass der Mensch eben kein Tier ist, auch wenn es verblüffende Parallelen im Verhalten gibt.

Der Unterschied zwischen den genetisch automatischen Reiz-Reaktionsmustern beim Tier zum Verhalten des Menschen besteht darin, dass der Mensch über kognitive Fähigkeiten verfügt. „Kognition" (lat.) heißt zu Deutsch so viel wie „Erkennen". Gemeint ist das bewusste, rationale Denken, der „Verstand", das Speichern und Erinnern, Problemlösen und Sprechen.

Weil diese Art der menschlichen Informationsverarbeitung für die Erklärung von Verhalten (speziell Reiz-Reaktionsmuster) so außerordentlich wichtig ist, entlehnt auch die Kognitionspsychologie von diesem Begriff her ihren Namen. Sie kritisiert am Behaviorismus, dass dieser mit seiner direkten Übertragung tierischen Verhaltens auf den Menschen zu kurz greife. Während der konditionierte Hund von Pawlow nicht anders kann, als beim Anblick eines Wasserrinnsals in Panik auszubrechen, so ist dem Menschen sehr wohl eine differenzierte Beurteilung dieses beobachteten Phänomens möglich. Er kann aufgrund logischer Gesetze beurteilen, dass man in einer Pfütze nicht ertrinken kann. Zu dieser Erkenntnis gelangt er, weil er sein Wissen, seine Vor-Erfahrungen und gewisse methodische Fertigkeiten der

Informationsverarbeitung beherrscht. Er erinnert sich, dass er in Pfützen getreten ist, die in der Regel nur wenige Zentimeter tief waren. Außerdem ist er in der Lage, Proportionen und Beschaffenheit von Gegenständen mit dem „Augenmaß" in etwa abzuschätzen. Wichtig beim Verhalten des Menschen ist auch seine Motivation. Ein entsprechend motivierter bzw. demotivierter Mensch kann seine Reaktionen sehr bewusst steuern. Menschen reagieren nicht automatisch auf Reize, sondern sind in der Lage, ihr Verhalten aktiv zu steuern.
Die Kognitionspsychologie geht damit weit über den behavioristischen Ansatz eines starren Reiz-Reaktionsschemas hinaus. Die kognitive Psychologie untersucht auch die Informationsprozesse, die unser Verhalten steuern. Sie ist dabei zu interessanten Erkenntnissen über die Funktionsweise unseres Gehirns gekommen.

Der Mensch ist aber auch kein Computer

Anwendungsbereich der kognitiven Psychologie ist besonders die Informationstechnologie, der sie auch sehr eng verbunden ist. Dass sie sich dabei auch in Wortwahl und Bildern der Begriffswelt des Computers nähert, trägt ihr zuweilen den Vorwurf eines mechanistischen Weltbildes ein. Dagegen wendet sich ein weiterer Zweig der Psychologie, die humanistische Psychologie.

Die humanistische Psychologie

„Humanismus" meint zunächst einmal eine philosophische Schule der griechischen Antike. Diese propagierte ein ethisch-sittliches Moralverhalten, das sich im Wesentlichen an menschlichen, humanen, wohltätigen oder sozialen Werten orientierte.
Die humanistische Psychologie lehnt das im Kern negative Menschenbild der Tiefenpsychologie, aber auch des Behaviorismus ab. Negativ deshalb, weil beide Richtungen davon ausgehen, dass der Mensch weitgehend durch sein Unterbe-

wusstsein oder angeborene Reflexe gesteuert wird und damit in seinen Entscheidungen eigentlich nicht wirklich frei ist.

Die Gedanken sind frei

Die Freiheit des Menschen ist Ausgangspunkt der humanistischen Psychologie. Für sie ist der Mensch frei in seinem Willen und seinen Entscheidungen und vor allen Dingen lernfähig und veränderbar. Sie steht dem tiefenpsychologischen „Unbewussten" sehr skeptisch gegenüber. Zwar geht sie auch davon aus, dass uns nicht zu jedem Zeitpunkt unser gesamtes Wissen und all unsere Erfahrungen präsent sind. Dieser Fundus ist jedoch von jedem unter bestimmten Umständen dann greifbar und abrufbar, wenn er seinen gedanklichen Fokus auf das richtet, was er gerne „abrufen" möchte.

Wem zum Beispiel schon beim Anblick einer Zigarre schlecht wird, der kommt, wenn er sich nur genügend konzentriert und gründlich nachforscht, selbst auf früheste Erfahrungen in der Kindheit. War nicht der überstrenge Vater vielleicht ein kettenrauchendes Zigarrenmonster, das ohne Rücksicht auf die Kleinen das Auto vollqualmte? Um das herauszufinden, bedarf es nach Ansicht der humanistischen Psychologen keines Psychoanalytikers oder Psychotherapeuten.

Im Jahre 1961 wurde die AHP (Assoziation für humanistische Psychologie) in den USA gegründet. Sie hatte zunächst kein wirklich konsistentes Programm, sie bestand vielmehr aus vielen unterschiedlichen Richtungen. Was sie aber verband, das war die Auflehnung gegen die althergebrachten Schulen. Sie war daher im Wesentlichen eine Protestbewegung.

Wichtige Vertreter dieser Richtung sind Charlotte Bühler, Abraham Maslow (der mit der Bedürfnispyramide), Fritz Perls, Paus Goodman, C. R. Rogers, J. L. Moreno oder Viktor Frankl.

Erst im Laufe ihrer Entwicklung lassen sich Gemeinsamkeiten der Bewegung erkennen, die wir hier in fünf Punkten zusammenfassen wollen:

Humanistische Psychologie

Starker Einfluss auf unsere moderne Arbeitswelt

Die meisten Seminarprogramme, die von Unternehmen aufgelegt werden, haben mehr oder weniger humanistische Wurzeln. Schon der Begriff „Personalentwicklung“ zeigt die enge Verwandtschaft zur humanistischen Psychologie, die ja auch davon ausgeht, dass Menschen entwicklungsfähig sind.

Die wichtigsten Aussagen der humanistischen Psychologie sind:

1. Der Mensch ist ein ganzheitliches Wesen

Das Ganze ist mehr als die Summe seiner Teile. Das heißt im vorliegenden Zusammenhang, dass der Mensch nicht aus Einzelteilen besteht, die man getrennt voneinander „behandeln“ kann. Es gibt keine wirkliche Trennung von Körper und Geist, Bewusstem und Unbewusstem oder Sinnlichkeit und Psyche. Ist der Körper krank, ist auch die Seele krank und umgekehrt. Man kann nicht einzelne Symptome kurieren, sondern nur den in seiner Balance und Ganzheit gestörten Organismus. Zum Beispiel würde eine Psychoanalyse mit anschließender Therapie, die sich nur auf einen Sinneskanal (Reden) stützt, nicht diesem Ideal einer ganzheitlichen Betrachtung entsprechen.

2. Der Mensch lebt in zwischenmenschlichen Beziehungen

Die humanistische Psychologie geht davon aus, dass man den Menschen nicht als separates Individuum betrachten darf, sondern immer im Kontext seines sozialen Systems (Familie, Partnerschaft, Arbeitswelt).

3. Der Mensch lebt bewusst

Es gibt keinen Unterschied zwischen Bewusstsein und Unterbewusstsein, sondern nur zwischen etwas Erkanntem und etwas *noch nicht* Erkanntem. Der Mensch ist im Prinzip in der Lage, jeden Winkel seines Seelenarchivs selbst zu ergründen. Wichtig ist hierbei die subjektive Selbstbeurteilung eines Menschen; kein anderer Mensch kann über mich wirklich objektive Beurteilungen treffen.

4. Der Mensch ist frei

Der Mensch ist Gestalter seiner eigenen Existenz, er ist kein Opfer, das hilflos irgendwelchen dunklen Mächten, Trieben oder Automatismen ausgeliefert ist. Der Mensch ist entwicklungsfähig.

5. Der Mensch hat ein Ziel

Jeder Mensch lebt zweckorientiert und zielgerichtet. Er verfügt über eine spezifische Moral und Werte. Diese können klar und strukturiert sein, aber auch komplex oder gar paradox. Unabhängig davon ergeben sie eine gerichtete Orientierung. Diese in uns wirkende Kraft, die wachsen und sich entwickeln will, die auf etwas zuleben will, ist das, was uns in der Betriebspsychologie als „intrinsische Motivation" begegnet; in vielen Unternehmen werden entsprechend Zielführungsvereinbarungen durchgeführt.

Gemeint ist eine Motivation, die nicht von außen bestimmt wird (etwa durch Belohnungssysteme, Incentives, Prämienanreize), sondern die in uns wohnt und einem Grundbedürfnis entspringt. Maslow entwickelt dabei eine Bedürfnishierarchie, die von Hunger und Durst hinaufreicht bis zu dem Bedürfnis nach Anerkennung und Selbstverwirklichung.

Aus dem Prinzip der Selbstverantwortung und der Wichtigkeit sozialer Beziehungen sind in den Siebzigerjahren die so genannten „Encounter"-Gruppen entstanden. Stichworte sind hier: Gruppentherapie, Wohngemeinschaft „Kommune", Selbsterfahrungsgruppe.

Neuropsychologie

Die Neuropsychologie ist ein relativ junger Zweig der psychologischen Wissenschaften. Sie leitet sich ab von dem griechischen Wort „neuron“, welches soviel wie „Nerv“ bedeutet. Es geht ihr vor allem darum, die physiologischen, also körperlichen Hintergründe von Geist und Seele zu ergründen. Wichtigster Forschungsgegenstand ist dabei das menschliche Gehirn. Erforscht werden Aufbau und Funktionszusammenhänge des Gehirns. Deshalb spricht man hier auch oft von „Hirnforschung“, die alle paar Monate mit sensationellen Entdeckungen die Schlagzeilen füllt.

Neandertaler in Nadelstreifen

Die Neuropsychologie hat herausgefunden, dass Teile unseres Gehirns entwicklungsgeschichtlich bis in die Steinzeit reichen. Aus Seminaren werden Sie die Gegenüberstellung von rechter und linker Gehirnhälfte mit ihren angeblich oder tatsächlich unterschiedlichen Zuständigkeitsbereichen kennen.

Der Mensch als Chemielabor

Viele Verhaltensweisen werden von der Neuropsychologie nicht mehr mit angeborenen Reflexen oder dem Unterbewusstsein erklärt, sondern mit chemisch-physiologischen Funktionen des Gehirns. Romantik hat in diesem Weltbild keine Chance mehr. Da wird dann Liebe schnell zum biochemischen Phänomen und religiöse Empfindungen werden als Störungen des limbischen Systems erklärt.
Jüngst wurde sogar ein Hormon entdeckt, das für Treue und Vertrauen zuständig ist. Da sich dieses Hormon praktischerweise auch in Nasensprays findet, konnte man in Versuchsreihen Testpersonen vom kritischen Skeptiker zu vertrauensseligen Opfern von (schauspielernden) Anlageberatern machen. Wurde das entsprechende Hormon (Oxytocin) innerhalb einer Paarbeziehung eingenommen, so ergaben sich deutliche Tendenzen zur Treue und eine energische Ableh-

nung angebotener „Partner-Alternativen“. Vor diesem Hintergrund modernster Forschung erhält übrigens der überlieferte Hexenglaube vom „Liebestrunk“ oder einer geheimnisvollen Salbe, die Mann bzw. Frau dem treulosen Gatten während des Beischlafs in den Rücken einmassiert, neue Aktualität. Vermutlich enthielten die verwendeten Hexen-Tinkturen das besagte Hormon, obwohl natürlich damals niemandem diese Zusammenhänge bewusst waren.

Ein Blick unter die Schädeldecke: Aufbau und Funktion des Gehirns

Die moderne Gehirnforschung ist endlich in der Lage, jenen Teil des Gehirns zu bestimmen, in dem das von Freud postulierte Unbewusste seinen Sitz hat. Die Neuropsychologie teilt das Gehirn in drei wesentliche Bestandteile: Stammhirn, limbisches System und Neokortex.

1. Stammhirn oder das Krokodil in dir

Das Stammhirn ist der älteste Teil des Gehirns. Wir haben es mit den Dinosauriern und den Krokodilen gemeinsam. Daher spricht man umgangsprachlich auch vom „Reptiliengehirn“. Hier sind unsere Instinkte angelegt und hier begegnen wir auch dem Pawlowschen Reaktionsschema Flucht, Angriff oder „tot stellen“. Auch das Territorialverhalten ist hier angelegt. Wenn also jemand unangemeldet durch Ihren Garten spaziert und Sie sich „tierisch“ darüber aufregen, wissen Sie, welcher Teil des Gehirns dafür verantwortlich ist. Es werden hier auch vegetative Grundfunktionen wie Atmung und Herzschlag usw. gesteuert.

2. Limbisches System oder der Polizist in dir

Das limbische System ist eine Weiterentwicklung des Gehirns, das besonders Säugetiere auszeichnet. Es heißt limbisch (lat. limbus = der Kragen), weil es sich ringförmig um das Stammhirn herumlegt. In diesem Teil des Gehirns haben unsere Emotionen ihren Platz. Hier entscheidet sich, ob wir glücklich oder unglücklich sind und ob sich unser Körper im

Gleichgewicht befindet. Von hier aus werden die Hormonproduktion sowie die Grundbedürfnisse wie Hunger, Durst usw. kontrolliert. Gleichzeitig funktioniert das limbische System als eine Art Wächter, der eingehende Informationen auf ihre Plausibilität und Wichtigkeit hin überprüft. Erst nach bestandener „Prüfung“ lässt das limbische System die Information ins Langzeitgedächtnis vordringen. Diese Wächterfunktion des limbischen Systems ist von größter Wichtigkeit für das Lernen und Überzeugen. Nur solche Informationen, die wirklich den Weg ins Langzeitgedächtnis finden, führen zur Verinnerlichung, Erinnerung und Überzeugung (siehe dazu Kapitel 3: „Die Psychologie des Überzeugens“).

3. Neokortex oder das Superhirn

Der eigentliche Star unter den Gehirnteilen, der uns von unseren Affenbrüdern und allen anderen Wesen auf diesem Planeten unterscheidet, ist das jüngste Mitglied in der Evolutionsgeschichte des Gehirns. Der Neokortex umschließt den inneren Teil des Gehirns und liegt direkt unter der Schädeldecke. Hier ist unser Verstand, unsere Ratio zu Hause. Hier ist der Sitz Ihres Wissens über Deckungsbeitragsberechnungen, Kurvendiskussion, lateinische Grammatik und der Fähigkeit, komplizierte Vertragswerke aufzusetzen.
Mit diesem Teil des Gehirns unternehmen wir das, was wir Denken nennen. Nur dieser Teil des Gehirns ist auch zur Selbstreflexion fähig. Hier begreifen wir uns selbst als Subjekt, als ICH. Tiere wissen nicht, dass sie ein „Ich“ sind. Ein Golden Retriever kann nicht denken: *„Ich, der Leo, habe jetzt Hunger und werde mal sehen, ob mein Napf gefüllt ist.“* Mithilfe unserer Logik können wir sogar über das Denken nachdenken. Wir können sogar unser Denken in Zweifel ziehen oder gar die Frage erörtern, ob wir überhaupt denken. Diese Frage ist aber spätestens seit dem Philosophen René Descartes geklärt. Er hat den weltberühmten Satz geprägt: *„Cogito ergo sum“*, zu deutsch: Ich denke, also bin ich. Damit ist Folgendes gemeint: Manche Menschen fragen sich,

ob die bewusste Welt, in der wir leben, nicht vielleicht ein tatsächlich gar nicht existierendes Szenario unserer Phantasie ist. Ob wir nicht gar vielleicht sogar in einer Traumwelt leben, die so real gar nicht existiert. Woher weiß ich denn, ob ich das „normale“ Leben nicht einfach nur träume? Und vielleicht nur im Traum real existiere. Vielleicht gibt es mich gar nicht? Zugegeben, das klingt alles ein wenig verschroben, hat aber über Jahrhunderte hinweg weltberühmte Philosophenkongresse bei Laune gehalten. Bis Descartes endlich Schluss machte mit all diesen Spekulationen. Er sagt, der Mensch habe alles Recht der Welt, an seiner eigenen Existenz oder an seinem Denken zu zweifeln. Er stellt auch anheim, ob es Denken überhaupt gibt. Aber: Cogito ergo sum – Ich denke, also bin ich! Allein die Tatsache, dass ich meine Existenz und mein Denken in Zweifel ziehe, setzt schon voraus, dass ich denke.

Wenn ich denke, *„Eigentlich kann ich gar nicht denken“,* ist das schon der beste Beweis dafür, dass ich gerade gedacht habe. Und wenn ich denke, dann bin ich. So einfach ist das. Ist doch logisch? Und Logik schlägt doch alles? Die Logik bestimmt doch unser Denken und Handeln. Denken wir jedenfalls.

Falls Sie es noch nicht wussten, Psychologen verlassen sich ungern nur auf das Denken bzw. ausschließlich auf die Logik. Die wollen immer alles ganz genau wissen. Und deshalb denken sie nicht nur, sondern sie forschen, und zwar empirisch. Das heißt so viel wie praktisch, erfahrungsgemäß. Zum Beispiel durch Experimente. Was diese Experimente zutage treten lassen in Bezug auf das Wechselspiel zwischen Logik und Gefühl, Stammhirn, limbischem System und Neokortex, das erfahren wir im folgenden Kapitel.

Wir sind Saurier

Stammhirn, limbisches System und Neokortex sind – und da sind sie ganz modern – ein Team. Sie können einfach nicht ohne einander leben und bringen zusammen Spitzenleistungen zustande. Schließlich gibt es für die drei ja auch

viel zu tun und komplexe Aufgabenstellungen zu bewältigen. Zum Beispiel Auto fahren oder Klavier spielen oder drei Dinge auf einmal tun: auf dem Sofa sitzen, fernsehen und Chips futtern.
Wenn den Dreien aber ein moderner Personalmensch seine Lieblingsfrage stellen würde: *„Seid ihr überhaupt teamfähig?“*, so würden alle drei antworten: *„Na klar, als Teamchef!“* Und damit hätten sie auch alle Recht, mehr oder weniger jedenfalls. Besonders der Klügste unter ihnen, der Neokortex, hält sich für den großen Boss, der alles unter Kontrolle hat. Das denkt er jedenfalls und Denken ist ja das Einzige, was er kann. Falsch gedacht!

Der Bauch ist der Boss

Auch wenn wir unser Verhalten und Handeln scheinbar immer rational begründen können, so sind in der Regel doch Gründe dafür ausschlaggebend, die nicht im Neokortex zu suchen sind. Testen Sie sich einmal selbst und beantworten Sie sich wirklich ehrlich folgende Fragen:

Testfrage eins:	Warum haben Sie sich im letzten Sommer den neuen silbergrauen Avanti XLS mit 240 PS gekauft?
Antwort:	Weil Sie nach sorgfältiger Abwägung des Benzinverbrauchs, der Sicherheit, des Wiederverkaufswertes und der soliden Verarbeitung eine logische Entscheidung getroffen haben?
	❑ **Aber sicher!** ❑ **Eigentlich nicht ...**
Testfrage zwei:	Warum haben Sie sich beim letzten Bewerbungsverfahren für diesen smarten jungen Mann mit dem verschmitzten Lächeln und nicht für den Ingenieur mit der Stirnglatze und dem Kassengestell entschieden?
Antwort:	Weil er so qualifiziert war und gut ins Team passte?
	❑ **Aber sicher!** ❑ **Eigentlich nicht ...**

Beispiel Stellenbesetzung

Die Neuropsychologie hat herausgefunden: Stellenbesetzungen sind reine Gefühlssache. Zwar werden in Stellenbeschreibungen und Anzeigen, ja auch bei Befragungen von Personalentscheidern immer wieder objektive Kriterien wie Sozialkompetenz, Teamfähigkeit und fachliche Qualifikation genannt. Die Entscheidung darüber, wer den Job bekommt, wird aber fast immer aus dem Bauch heraus getroffen.

Sex sells

Zur Untersuchung des Verhältnisses von Bauch und Hirn bei Personalentscheidungen legte man mehreren hundert Personalchefs eine große Auswahl von Bewerbungsunterlagen zur Prüfung vor. Es wurde dabei streng darauf geachtet, dass alle in punkto Qualifikation einen identischen Qualifikationsstand aufwiesen. Es war also nicht möglich, Bewerber aufgrund höherer fachlicher Qualifikation auszuschließen bzw. zu bevorzugen. Wesentliche Unterschiede ergaben sich ausschließlich in den beigefügten Bewerbungsfotos und Namen der Kandidaten. Um aber auch hier eine gewisse Neutralität zu gewährleisten, griffen die Tester zu einem Trick. Sie verwendeten immer Fotos von ein und demselben Mann! Diese Fotos wurden dann so bearbeitet, dass man den Mann mal mit verschiedenen Perücken, Stirnglatze, verschiedenen Brillen, verschiedenen Augenfarben und Bartformen sah. Es zeigte sich dabei, dass die Personalentscheider ausschließlich nach persönlichen Sympathien und Antipathien entschieden. Die besten Chancen hatte der Bewerber, wenn er dem allgemeinen zeitgemäßen Schönheitsideal entsprach. Sofort aussortiert wurden dagegen bärtige Männer oder solche mit Stirnglatze, obwohl es sich wie gesagt immer um denselben Kandidaten handelte. Man wandelte den Versuch später etwas ab und verpasste den „Hässlichen" etwas bessere Qualifikationen als den Schönlingen. Das Ergebnis verblüffte alle Beteiligten: Schönheit siegt. Und das sogar, wenn besser qualifizierte Bewerber vorhanden sind.

Die modernen psychologischen Schulen

Schule	Vertreter	Methode
Strukturalismus 1870	Wundt	Introspektion
Funktionalismus 1890	Cattell	Introspektion Experiment
Psychoanalyse 1900	Freud Adler Jung	Introspektion Einzelfalldar- stellung
Gestaltpsychologie	Wertheimer Köhler Koffka	Experiment
Behaviorismus 1913	Watson Skinner	Experiment
Humanistische Psychologie 1954	Maslow Rogers	Introspektion Aktionsfor- schung
Kognitive Psychologie 1960	Neisser Newell Simon	Experiment
Biopsychologie (Neurowissenschaft) 1980	Eccles	Experiment

Gegenstand	Grundsatz
Bewusste Erfahrung	Erfahrung aus primären mentalen Elementen
Bewusstsein Leistung	Geist als Organ der physischen Anpassung
Unbewusstes	Unbewusste Motivation steuert Verhalten
Organisation der Wahrnehmung	Das Ganze ist mehr als die Summe der Teile
Verhalten	Verhalten kann mit Reiz-Reaktions-Verbindungen erklärt werden
Merkmale und Dynamik des erfüllten Lebens	Menschen sind selbstbestimmt und suchen Selbstverwirklichung
Denken Gedächtnis Wahrnehmung	Mensch ist ein aktiver Informationsverarbeiter
Biologische Grundlagen des Verhaltens	Ursachen von Verhalten liegen im genetischen Programm, Gehirn, Nerven- und endokrinen System

Auf den Punkt gebracht

- Die Beschäftigung mit dem Seelenleben ist so alt wie die Menschheit, als systematische Wissenschaft ist die Psychologie aber noch jung.
- Vor etwa 150 Jahren spaltete sich die Psychologie von der Philosophie ab und wurde eigenständige Wissenschaft.
- Wichtigste Vertreter der Anfänge waren für die Psychoanalyse Freud, Adler, Jung, später für die Verhaltenspsychologie Watson, Skinner und Pawlow.
- Die menschliche Psyche reagiert auf Überforderung mit drei Reaktionsmustern: Flucht, Angriff oder „Totstellen".
- Nimmt die Überforderung überhand, entwickeln sich Krankheit und Depression.
- Wann eine Überforderung eintritt, entscheidet sich nicht durch das Überforderungsereignis, sondern durch die individuelle Reizschwelle des Überforderten.
- Das menschliche Gehirn besteht im Wesentlichen aus drei Teilen: Stammhirn, Neokortex, limbisches System.
- Das Stammhirn ist entwicklungsgeschichtlich der älteste Hirnteil. Wir haben es mit den Reptilien gemein. Viele Entscheidungen trifft auch beim modernen Menschen noch dieses „Reptiliengehirn".

2 Grundlagen der Psychologie und Kommunikation

Kommunikation ist das Handwerkszeug des Psychologen

Dieses zweite Kapitel beschäftigt sich mit den Grundlagen der Kommunikation. Es erklärt die wichtigsten Konzepte und schafft damit die Grundlage für Ihren Kommunikationserfolg.
Kommunikation und Psychologie gehören untrennbar zusammen. Wenn wir verstehen, wie andere Menschen kommunizieren, bekommen wir wertvolle Hinweise, die uns helfen ihre Handlungen einzuordnen, sie zu verstehen und sie manchmal sogar vorherzusagen.

Es gibt mehr als eine Wahrheit

Wenn jemand verspricht, dass seine Darstellung der Dinge objektiv sei, sollte man hellhörig werden. Denn was ist schon objektiv? Zahlen? Daten? Vielleicht. Doch selbst wenn alle Beteiligten bester Absicht sind und ihrer Wahrnehmung nichts hinzufügen und nichts weglassen, sorgen Wahrnehmungsfilter dafür, dass der gleiche Sachverhalt von zwei Menschen ganz unterschiedlich erlebt wird. Die Filterung erfolgt auf den folgenden Ebenen.

Unsere Wahrnehmung ist immer gefiltert

- Neurologische Filter (Einschränkungen der Wahrnehmungen durch die Nervenzellen)
  Nur ein kleiner Teil der Realität wird von uns wahrgenommen. So können unsere Nervenzellen weder Infrarot- noch Röntgenstrahlen wahrnehmen.

- Kulturelle Filter (Einschränkungen der Wahrnehmungen durch die Gesellschaft und das Umfeld)
  Eskimos können bis zu 22 Arten Schnee unterscheiden, die meisten Mitteleuropäer nur zwei oder drei.
- Individuelle Filter (Einschränkungen der Wahrnehmungen aufgrund unserer persönlichen Erfahrung)
  Wir nehmen bestimmte Kategorien von Informationen intensiver wahr als andere. Bei einer Party hören wir unserem Gesprächspartner zu, blenden den Lärm im Hintergrund aber fast vollständig aus.

Die Informationsverarbeitung

Verstärkt wird die unterschiedliche Wahrnehmung durch die Verarbeitungsprozesse. Diese erleichtern unser Leben einerseits, führen andererseits aber zu Problemen, wenn wir unsere eigene Wahrnehmung für die objektive Realität halten.

- Generalisieren: Erfahrungen werden auf alle Objekte und Personen übertragen, die ähnlich aussehen oder wirken. Wer sich einmal an einer heißen Herdplatte verbrannt hat, wird sehr vorsichtig sein, bevor er die nächste anfasst. Wer jedoch im Berufsleben keine Vorschläge mehr einbringt, weil ein Vorschlag abgelehnt wurde, wird zum Opfer der Generalisierung.
- Tilgen: Nur die wichtigen Informationen werden wahrgenommen, um eine Reizüberflutung zu vermeiden. So kann man ein Buch lesen, während andere Personen miteinander reden, ohne dadurch gestört zu werden. Blendet man durch Tilgen nützliche Informationen aus und glaubt deshalb zum Beispiel keine Anerkennung zu erfahren, wirkt sich das Tilgen negativ aus.
- Verzerren: Reale Erfahrungen werden durch Verzerrung neu gestaltet und verändert. Die umgestalteten Erlebnisse haben jedoch nichts mit realen Vorgängen zu tun und führen dazu, dass man Situationen für sich selbst „schönfärbt“ und Handlungsbedarf nicht erkennt. Was

auf den ersten Blick für mehr Zufriedenheit sorgt, wird auf den zweiten Blick zum Bumerang.

Tipp für Sie als Führungskraft!

Um für Gespräche eine gemeinsame Grundlage zu finden, sollte man zunächst abgleichen, welche unterschiedlichen Wahrnehmungen bei den Beteiligten vorliegen. So weiß jeder, von welchem Status die anderen Gesprächspartner ausgehen.

Das Stille-Post-Prinzip der Kommunikation

Tauschen zwei Menschen Mitteilungen aus, so spricht man von Kommunikation. Wie beim Sprechfunk nehmen beide Kommunikationspartner abwechselnd die Rolle von Sender und Empfänger ein. In vielen Fällen löst die Kommunikation beim Empfänger jedoch nicht die Wirkung aus, die der Sender bewirken wollte. Vielmehr kommt es zu Missverständnissen und Unklarheiten. Der Empfänger versteht etwas anderes, als der Sender eigentlich sagen wollte, und schon entstehen Konflikte.

Sie glauben, das könnte Ihnen nicht passieren? Dann schauen Sie sich an, wo überall auf dem Übertragungsweg zwischen Sender und Empfänger Teile der Information verloren gehen.

Ansatzpunkte für Informationsverluste

- Intention: Der Absender möchte eine bestimmte Nachricht senden.
- Formulierung: Der Absender fasst seine Nachricht in Worte.
- Senden: Der Absender spricht zum Empfänger.
- Übermittlung: Der Schall wird übertragen.
- Empfangen: Der Empfänger hört die Worte.

- Entschlüsseln: Der Empfänger übersetzt die Worte für sich.
- Verstehen: Der Empfänger realisiert die Bedeutung der Worte vor seinem persönlichen Hintergrund.

Mit der Reaktion des Empfängers startet der Kommunikationsprozess erneut.
Auf jeder Stufe der Kommunikation geht wie beim Spiel „Stille Post" ein Teil der ursprünglichen Intention verloren. Schon bei dem Versuch, die eigenen Gedanken in Worte zu fassen, kommt es zu ersten Unschärfen. Weitere Teile der Information gehen auf dem Weg vom Sender zum Empfänger verloren. Je nach kulturellem und persönlichem Hintergrund werden die beim Empfänger angekommenen Informationen ganz unterschiedlich interpretiert. Den Empfänger erreicht also nur ein Bruchteil dessen, was der Sender eigentlich ausdrücken wollte.

Kommunikation als ständiger Begleiter

In den Sechzigerjahren erkannte der Psychotherapeut Paul Watzlawick den wohl wichtigsten Grundsatz der Kommunikation:

> „Man kann nicht nicht kommunizieren."

Was auf den ersten Blick paradox klingt, macht bei näherer Betrachtung Sinn. Kommunikation bedeutet weitaus mehr als das bewusst gesprochene Wort. Vielmehr gehören neben diesem auch paralinguistische Phänomene wie Tonfall oder Sprechgeschwindigkeit, Körpersprache und Körperhaltung zu den Ausdrucksformen der Kommunikation. Selbst durch Schweigen kommuniziert man. Wird bei einem Meeting wieder einmal ein Protokollführer gesucht, herrscht oft große Stille. Obwohl niemand ein Wort sagt, ist durch das Schweigen sofort klar, dass jeder hofft, dass die Aufgabe einen der anderen trifft.

Paul Watzlawick hat drei weitere Grundregeln der Kommunikation erkannt:

- Jede Kommunikation hat eine Inhalts- und eine Beziehungsebene. Das heißt, jede Kommunikation enthält über die reine Sachinformation hinaus einen Hinweis, wie der Sender seine Botschaft verstanden wissen möchte und wie er seine Beziehung zum Empfänger sieht.
- Da zwei Kommunikationspartner den Kommunikationsablauf unterschiedlich gliedern und so ihr eigenes Verhalten als Reaktion auf das des anderen interpretieren, kann niemand objektiv angeben, wer beispielsweise einen Streit angefangen hat.
- Kommunikation verläuft ganz unterschiedlich, je nachdem ob die Beziehung zwischen beiden Gesprächspartnern auf Gleichheit oder Unterschiedlichkeit beruht. Einfach beobachten kann man das, wenn man das lockere Gespräch mit den Arbeitskollegen mit dem häufig sehr viel formaleren mit einem Vorgesetzten vergleicht.

2.1 Das Vier-Ohren-Modell

Jeder Mensch hat nur einen Mund, aber vier Ohren. Das sagt Friedemann Schulz von Thun, der Entwickler des Vier-Ohren-Modells. Mithilfe dieses Ansatzes können wir Gründe für Kommunikationsstörungen erkennen und verhindern. Er geht davon aus, dass jede Nachricht zugleich vier Ebenen hat:

- Sachebene

Auf der Sachebene werden die reinen Sachaussagen ausgetauscht. Gefühle und subjektive Dinge bleiben außen vor. *„Das Kopierpapier ist alle“*, beinhaltet auf dieser Ebene nur die Sachinformation über den Lagerbestand an Papier.

- Selbstoffenbarungsebene

Mit seiner Nachricht sagt der Sender stets auch etwas über sich selbst und seine Person. *„Das Kopierpapier ist alle“*, könnte zum Beispiel bedeuten: *„Ich bin unzufrieden, weil ich durch fehlendes Papier bei meiner Arbeit behindert werde"*.

- Beziehungsebene

Der Sender drückt mit seiner Botschaft etwas über sein Verhältnis zum Empfänger aus. *„Das Kopierpapier ist alle"*, könnte bedeuten: *„Ich finde, dass du ein schlechter Vorstandsassistent bist!"*.

- Appellebene

Diese Ebene der Botschaft ruft den Empfänger dazu auf, etwas zu tun oder zu lassen. *„Das Kopierpapier ist alle"*, könnte bedeuten: *„Nun holen Sie endlich neues Papier aus dem Lager!"*.

Besonders schnell kommt es zu Konflikten, wenn sich die verschiedenen Ebenen mischen.

Der auf der Sachebene ausgesprochene Hinweis *„Das Kopierpapier ist alle"* kann zu starken Konflikten führen, wenn er auf einer anderen Ebene aufgenommen wird. Zugleich wird der Sender über die Reaktion überrascht sein.

Tipp für Sie als Führungskraft!

Machen Sie sich bewusst, auf welcher Ebene Ihr Gegenüber Ihre Aussage aufnimmt. Je angespannter die Situation oder das Verhältnis zu einer Person, umso größer die Gefahr, dass sie sich auf der Beziehungs- oder Appellebene angesprochen fühlt und abwehrend reagiert. Umgehen Sie dies, indem Sie der anderen Person bewusst machen, dass es sich um eine reine Sachinformation handelt. Sollte der Satz jedoch als Appell gemeint sein, sprechen Sie dies direkt an und erteilen einen konkreten Auftrag.

Für störungsfreie Kommunikation ist immer der Sender verantwortlich.

Versteht Sie Ihr Gegenüber nicht oder falsch, so liegt es daran, dass Sie missverständlich waren.

Wer fragt, der führt

Fragen gehören zu den mächtigsten Instrumenten der Sprache, da sie den Gesprächspartner dazu bringen, auf von uns gesetzte Impulse zu reagieren. Die richtigen Fragen können dazu führen, dass der Gesprächspartner seinen Standpunkt noch einmal überdenkt.

Fragen sind der Motor der Kommunikation

Bei einer psychologischen Untersuchung ließ man Versuchspersonen die Intelligenz von Rednern einschätzen. Dabei stellte sich heraus, dass die Intelligenz eines Redners umso geringer eingestuft wurde, je länger der Beitrag war. Wer bei seinem Beitrag viele Fragen stellte, bekam eine besonders gute Bewertung.

Hauptgrund dafür ist, dass Fragen die Konzentration steigern und dafür sorgen, dass die Informationsdichte größer wird. Fragen helfen, stockende Gespräche wieder in Gang zu bringen, Missverständnisse zu klären und Interesse am Gesprächspartner zu zeigen.

Fragen statt Behauptungen

Behauptungen treiben den Gesprächspartner in die Enge. Kaum ein Mitarbeiter lässt sich gerne Vorwürfe machen wie, *„Sie haben die Software falsch installiert"*. Schnell führt die Behauptung zu Ausflüchten und verhindert die Klärung des eigentlichen Problems. Mehr Sinn macht deshalb gezieltes Fragen. Eine Frage wie: *„Haben Sie bei der Installation daran gedacht, das Layoutprogramm einzurichten?"*, treibt den Gesprächspartner nicht in die Enge und verhindert, dass er sich in eine Verteidigungshaltung flüchtet.

Fragen

- erleichtern den Gesprächseinstieg,
- lenken ein Gespräch,
- gewinnen Informationen,
- signalisieren Interesse,
- aktivieren Gesprächsteilnehmer.

Tipp für Sie als Führungskraft!

Geschlossene Fragen, auf die man nur mit *„Ja"* oder *„Nein"* antworten kann, helfen einen Sachverhalt auf den Punkt zu bringen. Möchte man Informationen gewinnen und andere Personen ins Gespräch einbeziehen, setzt man auf offene Fragen. Wird man selbst mit einer geschlossenen Frage konfrontiert, möchte aber zu diesem Zeitpunkt keine klare Entscheidung treffen, sollten Sie antworten: *„Die Frage ist zu komplex, um sie mit einem ‚Ja' oder ‚Nein' beantworten zu können."* Anschließend erörtern Sie die möglichen Alternativen ausführlich.

Frageregeln

- Stellen Sie immer nur eine Frage.
- Stellen Sie das Fragewort an den Anfang.
- Vermeiden Sie sarkastische oder gehässige Fragen.
- Stellen Sie nur Fragen, die nicht schon gestellt worden sind.

2.2 Das Eisbergmodell: Sachebene und Beziehungsebene

Um zu verstehen, welche Rolle das Unterbewusstsein in der Kommunikation spielt, ist zur Verdeutlichung das Bild eines Eisbergs hilfreich. Genau wie bei einem Eisberg die größten Teile unter der Wasseroberfläche liegen, teilt sich die menschliche Wahrnehmung in zwei Bereiche.

Ruth Cohns „Eisbergmodell" der Kommunikation

Sehr gut verdeutlicht diesen Sachverhalt das „Eisbergmodell" der amerikanischen Psychologin Ruth Cohn. Gut erkennbar ist die offen zutage tretende Sachebene. Doch unter dieser liegt die weitaus größere unsichtbare Beziehungsebene.

Modell des menschlichen Erkenntnisapparats

Gefühle, Empfindungen und das berühmte Bauchgefühl beeinflussen Entscheidungen oft weitaus mehr als Zahlen und Fakten.

Dazu eine Geschichte:

Antwortet der Kandidat richtig, gewinnt er bei „Wer wird Millionär?" eine große Summe. Liegt er falsch, fährt er mit einem Taschengeld nach Hause. Der Moderator stellt die entscheidende Frage. Die richtige Antwort ist unbekannt, die Joker sind verbraucht. Die Zeit läuft ab. Viele Menschen hören an dieser Stelle auf die innere Stimme und entscheiden sich für den ersten Antwortimpuls. Nur wenige setzen sich über ihr

Bauchgefühl hinweg und entscheiden anders. Doch wer wird mit größerer Wahrscheinlichkeit richtig liegen? Das haben Forscher von drei amerikanischen Universitäten untersucht und sind einhellig zu dem Ergebnis gekommen, dass das Bauchgefühl oft täuscht und man besser zweimal überlegt, bevor man sich für eine Antwort entscheidet.

Will man mithilfe der Psychologie das Denken und Handeln von Menschen untersuchen, muss man das Hauptaugenmerk auf die Beziehungsebene richten. Wie groß deren Einfluss ist, können Sie selbst überprüfen.
Wenn Sie bei einem Vorstellungsgespräch verschiedene Kandidaten kennen lernen, wissen Sie schon nach Sekunden, ob Ihnen eine Person sympathisch ist oder nicht. Noch bevor Sie Zeugnisse und Fakten geprüft haben, wissen Sie ganz genau, ob Sie mit diesem Menschen gerne zusammenarbeiten möchten. Der erste Eindruck war in grauer Vorzeit überlebenswichtig und ist deshalb bis heute in unseren Genen verankert. Wer in der Urzeit nicht schnell genug zwischen Freund und Feind unterscheiden konnte, wurde Opfer der eigenen Langsamkeit.
Auch wenn Säbelzahntiger längst ausgestorben sind, hat der moderne Mensch das damals lebensrettende Verhaltensmuster beibehalten. In vielen Fällen ist das Muster heute eher hinderlich und wird von manchen Wissenschaftlern sogar als Grund für Diskriminierung und Vorurteile gesehen.

Jede Information, die ein Mensch wahrnimmt, wird sowohl auf der Sachebene verarbeitet als auch auf der Beziehungsebene.

Tipp für Sie als Führungskraft!

Da der Einfluss der Beziehungsebene viel größer ist als der der Sachebene, sollten Sie nicht nur darauf achten, was Sie sagen, sondern auch wie Sie es sagen. Achten Sie auf Ihre Körpersprache, die Wortwahl und den Tonfall.

2.3 Transaktionsanalyse

Die Transaktionsanalyse, die durch den Psychoanalytiker Eric Berne begründet wurde, untersucht zwischenmenschliche (verbale und nonverbale) Kommunikation und versucht diese zu erklären.
Mithilfe der Transaktionsanalyse bekommen wir Hinweise auf die Art unserer Kommunikationsprozesse und können Störungen verhindern. Zu diesen kommt es besonders häufig, wenn sich ein Ungleichgewicht zwischen beiden Kommunikationspartnern ergibt.
Grundlage der Transaktionsanalyse sind drei Ich-Zustände, die das Verhalten, aber auch das Denken und Fühlen bestimmen.

Unterschieden wird zwischen:

Die Ich-Zustände der Transaktionsanalyse	
Eltern-Ich	Das Eltern-Ich tritt in zwei Ausprägungen auf. Das kritische Eltern-Ich wertet negativ, befiehlt, straft und moralisiert. Das schützende Eltern-Ich hört zu, hat Verständnis, beruhigt und tröstet.
Erwachsenen-Ich	Das Erwachsenen-Ich ist rational, bewertet, wägt ab und schätzt Wahrscheinlichkeiten ab.
Kind-Ich	Das Kind-Ich tritt in zwei Ausprägungen auf. Das angepasste Kind-Ich ist unsicher, zerfließt vor Selbstmitleid und wartet häufig einfach ab. Das natürliche Kind-Ich ist spontan, impulsiv und rebellisch und sucht ständig nach Spaß und Abwechslung.

Konfliktfrei kommunizieren können wir am besten, wenn beide Gesprächspartner sich auf der Ebene des Erwachsenen-Ichs befinden und sich sachlich und fair austauschen.

Konfliktfreie Kommunikation von Erwachsenen-Ich zu Erwachsenen-Ich:

Frau G. (im Meeting): *„Wir sollten die Tagesordnungspunkte zwei bis fünf schnell abhandeln."*
Herr S.: *„In Ordnung, dann haben wir mehr Zeit, die Eckpunkte für den Vertrag abzustimmen."*

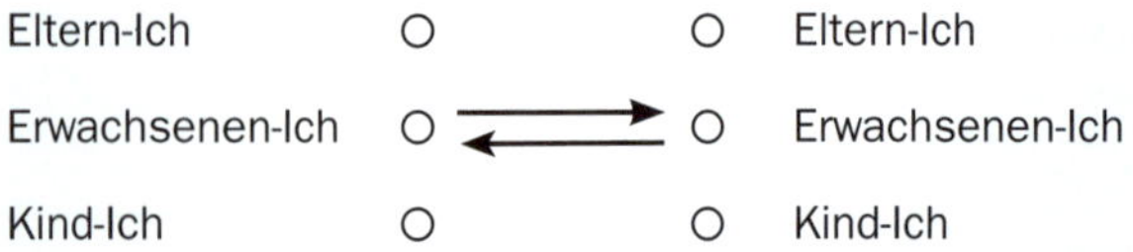

Genauso funktioniert die Kommunikation reibungslos, wenn beide Partner eine klare Rollenverteilung akzeptieren.

Konfliktfreie Kommunikation dank akzeptierter Rollen:

Vorgesetzter (vorwurfsvoll): *„Herr Meyer, bitte schalten Sie im Meeting Ihr Handy aus!"*
Mitarbeiter Meyer: *„Entschuldigung."*

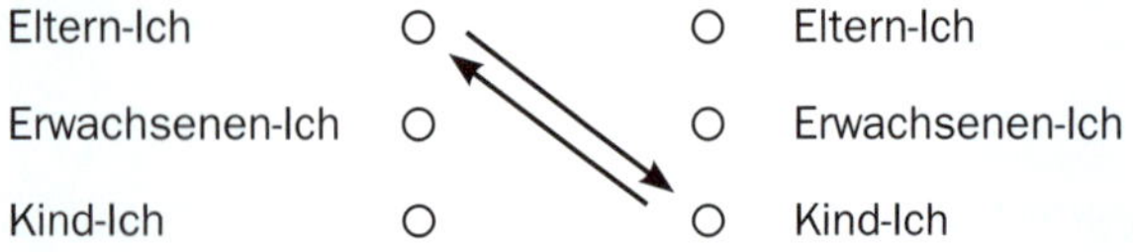

Problematisch wird es hingegen, wenn die angesprochene Person die ihr zugewiesene Rolle nicht akzeptiert und in einem unerwarteten Ich-Zustand antwortet.

Seit 20 Jahren ist Richard Schmidt Geschäftsführer und zugleich Eigentümer eines mittelständischen Unternehmens. Mit der Zeit hat er sich angewöhnt, seine Mitarbeiter väterlich von oben herab zu behandeln.

Als das Unternehmen von einem internationalen Konzern gekauft werden soll, wird es durch eine Gruppe junger Unternehmensberater auf Herz und Nieren geprüft. Eines Morgens entdeckt Schmidt, dass einer der Berater die ungeschriebene Regel verletzt hat und auf „seinem“ Parkplatz direkt vor dem Eingang steht. Verärgert macht der Firmeninhaber sich auf den Weg, um den Übeltäter zur Rede zu stellen.
Schmidt: *„Wie kommen Sie dazu, auf meinem Parkplatz zu parken. Fahren Sie sofort das Auto weg!“*
Berater: *„Es sind noch drei weitere Parkplätze frei. Außerdem möchte ich nicht, dass Sie in diesem Ton mit mir reden.“*
Nur mit großer Mühe gelingt es den beiden nach dieser Konfrontation, gemeinsam an einem Tisch zu sitzen, um die für alle Beteiligten wichtige Unternehmensbewertung fortzusetzen.

Die Rollenzuweisung wird abgelehnt – ein Konflikt entsteht:

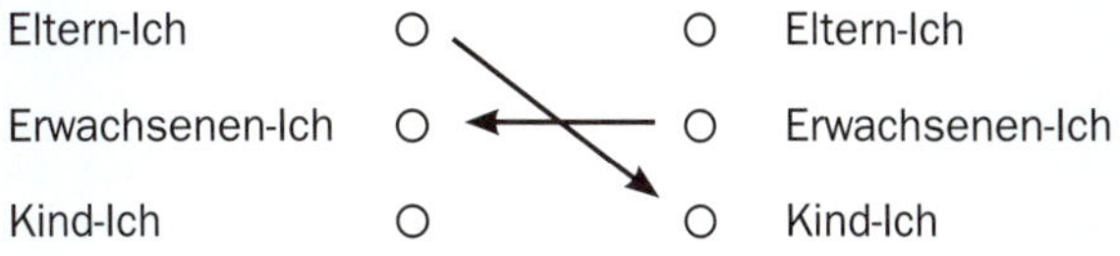

Aus Schmidt spricht ganz klar das kritische Eltern-Ich. Angesprochen werden soll das angepasste Kind, das seine Untat bereut. Doch die Reaktion erfolgt auf einer ganz anderen Ebene. Da der Berater die Rollenzuweisung nicht akzeptiert, kocht der Konflikt zwischen beiden schnell hoch.

> Transaktionen, deren Pfeile sich kreuzen, führen stets zu Konflikten.

Übung

Bitte entscheiden Sie, um welche Transaktionen es sich hier handelt:

1) Herr G.: *„Wann beginnt die Außendiensttagung?“*
   Herr S.: *„Um acht Uhr dreißig.“*
2) Mitarbeiter: *„Ich verbitte mir diesen Ton!“*
   Vorgesetzter: *„Entschuldigung, ich bin im Stress.“*
3) Vorgesetzter: *„Können Sie denn nie pünktlich sein?“*
   Mitarbeiter: *„Das Vorstandsmeeting hat länger gedauert, außerdem stand ich eine Stunde im Stau.“*

1) Antwort: Erwachsenen-Ich an Erwachsenen–Ich
2) Eltern-Ich an Kind-Ich
3) Eltern-Ich an Kind-Ich
Erwachsenen-Ich an Erwachsenen-Ich

Der richtige Umgang mit den Ich-Zuständen

„Können Sie nicht einmal pünktlich zur Teambesprechung kommen“, fährt der Vorstandsvorsitzende den Vertriebsleiter an. Der viel beschäftigte Mitarbeiter ist sich keiner Schuld bewusst, da er erst kurz zuvor ein wichtiges Telefonat beendet hat. Doch einen Konflikt möchte er nicht riskieren. Deshalb antwortet er: *„Es tut mir Leid, dass Sie den Eindruck gewonnen haben, mir wäre nicht bewusst, wie wichtig die Teambesprechung ist“*, fügt dann aber sogleich die sachliche Erklärung an: *„Gerade als ich mich auf den Weg zur Sitzung machen wollte, rief unser wichtigster Kunde an und machte seine Monatsbestellung.“*

Tipp für Sie als Führungskraft!

Um konfliktfrei zu kommunizieren, müssen Sie zunächst erkennen, in welchem Ich-Zustand Ihr Gegenüber ist und welche Reaktion er erwartet.
Da Sie Überkreuz-Transaktionen um jeden Preis vermeiden sollten, empfiehlt es sich zunächst im erwarteten Ich-Zustand zu antworten, um Konflikte zu vermeiden. Im zweiten Schritt gehen Sie dann in den eigentlich von Ihnen angestrebten Ich-Zustand über. Bemühen Sie sich dabei, aus dem Erwachsenen-Ich-Zustand zu sprechen.

2.4 Aktives Zuhören

Jenny erzählt Roland aus dem letzten Urlaub. „*Wir waren drei Wochen in Griechenland und sind von Insel zu Insel gereist. Besonders eindrucksvoll war unser Aufenthalt auf Samos, da haben wir ganze zwei Wochen das Strandleben genossen.*" Während sie weitererzählt, nickt Roland bestätigend und fragt zwischendurch: „*Auf Samos hat es dir also besonders gut gefallen?*", und später: „*In welchem Hotel habt ihr denn gewohnt?*" Dann schreibt er sich die Adresse des Hotels auf. Jenny ist begeistert. Ein Mann der zuhört.
Automatisch hat Roland verschiedene Methoden des aktiven Zuhörens angewandt und ist damit auf sehr gute Resonanz gestoßen. Nutzen Sie die Methoden, um Ihren Erfolg bei Gesprächen zu steigern.

1. Paraphrasieren (griech. „umschreiben")

Geben Sie in eigenen Worten wieder, was Ihr Gesprächspartner gesagt hat. So finden Sie heraus, ob Sie das Anliegen richtig verstanden haben. Achten Sie dabei unbedingt darauf, eigene Worte zu verwenden und nur die Kernaussagen zu wiederholen, damit das aktive Zuhören nicht als Nachplappern ausgelegt wird.

2. Äußerung von „Stimuli"

Damit sich der Sprecher wohl fühlt, muss sein Zuhörer ihm in bestimmten Intervallen Rückmeldung durch zustimmende Laute wie „*ähm*", „*aha*", „*ja*" oder Ähnliches geben. Diese „Stimuli" zeigen rege Anteilnahme und eine positive Aufnahme. Auch Lächeln, Anschauen und Nicken können als Stimuli wirken.
Wie wichtig Stimuli sind, können Sie selbst herausfinden. Verzichten Sie in einem Gespräch bewusst auf jegliches Feed-back. Schauen Sie den Sprecher nicht an und zeigen Sie keine Reaktion auf seine Worte. In den meisten Fällen wird Ihr Gesprächspartner sich sehr unwohl fühlen und möglicherweise sogar aus dem Konzept kommen.

Aktives Zuhören steigert den Erfolg von Gesprächen

3. Anteilnahme an den Gefühlen des anderen

Ignoriert man die Emotionen des Gesprächspartners, darf man nur selten auf ein gutes Gesprächsresultat hoffen. Bevor man sich auf die reine Sachebene begeben darf, muss man zunächst auf die Gefühle des anderen (Zorn, Wut, Glück ...) eingehen. Manchmal gelingt das schon mit einem Satz wie: *„Das ist aber wirklich ärgerlich"*. Erst nach einer kleinen Pause kommt man dann im nächsten Satz zur sachlichen Aufbereitung des Themas.

4. Notizen machen

Schriftliche Notizen helfen Ihnen nicht nur, sich während des Gesprächs an noch offene Fragen und später an den Inhalt der Unterredung zu erinnern. Sie zeigen Ihrem Gesprächspartner eine besondere Wertschätzung für seine Worte. Zugleich gewinnen Sie eine Dokumentation für spätere Gespräche und können schwarz auf weiß belegen, was jemand wann gesagt hat.

Übung: Können Sie gut paraphrasieren?
Finden Sie es heraus! Bitten Sie einen Gesprächspartner, Ihnen fünf Minuten lang etwas zu erzählen. Im Anschluss versuchen Sie das soeben Gehörte in eigenen Worten wiederzugeben. Findet Ihr Gesprächspartner sich in Ihren Worten nicht wieder, müssen Sie aufmerksamer zuhören.

2.5 Feed-back geben

Die Rückmeldung auf einen Vortrag oder auf Arbeitsergebnisse hat einen hohen Stellenwert gewonnen. Doch manchmal stoßen selbst gut gemeinte Ratschläge auf Ablehnung und sorgen dafür, dass es bei der Frage nach Feed-back in vielen Runden sehr still wird und die Aufgabe dem Chef zufällt. Etablieren Sie eine lebendige Feed-back-Kultur und nutzen Sie das Potenzial, das in Ihren Mitarbeitern steckt. Um damit erfolgreich zu sein, müssen zunächst für alle verbindliche Feed-back-Regeln vereinbart werden. Folgende Regeln haben sich bewährt und helfen Ihnen bei der Ausarbeitung der individuellen Regeln für Ihr Unternehmen.

- Feed-back bedeutet Rückmeldung

Gutes Feed-back spricht sowohl positive als auch negative Aspekte an. Nur so gewinnt der Mitarbeiter eine Orientierung, was besonders gut und was besonders schlecht gelungen ist, und kann sich verbessern.

- Feed-back ist sachlich

Professionelles Feed-back verzichtet auf persönliche Angriffe, Verallgemeinerungen und Provokation. Deshalb kann der Feed-back-Nehmer es annehmen und zur Grundlage für seine persönliche Weiterentwicklung machen.

- Feed-back wird in der Ich-Form geäußert

„Ich habe den Eindruck, dass die Präsentation im mittleren Teil Längen hat. Außerdem hätte ich mich gefreut, wenn Sie

lauter gesprochen hätten", ist weitaus verbindlicher als: *„Sie haben den mittleren Teil der Präsentation zu ausführlich formuliert und auch zu leise gesprochen"*. Durch die Verwendung der Ich-Form wird das Konfliktpotenzial reduziert, da die angesprochene Person sich nicht angegriffen fühlt und sich mit den Anregungen sachlich beschäftigen kann.

Übung

Wandeln Sie die folgenden „Du-Botschaften" in „Ich-Botschaften" um:

1) *„Sie konnten das nicht richtig erklären."*
2) *„Sie haben falsche Prioritäten gesetzt."*
3) *„Sie haben mich falsch verstanden."*

1) Ich konnte Ihren Ausführungen nicht folgen.
2) Ich bin der Ansicht, dass auch … wichtig ist.
3) Ich habe mich missverständlich ausgedrückt.
Eigentlich meine ich …

◆ No Feed-back to Feed-back

Feed-back hat das Ziel, einer Person ihre Wirkung zu spiegeln, und soll nicht Aufhänger für lange Diskussionen oder Streit sein. Deshalb hört sich die angesprochene Person das Feed-back an, ohne sich dazu zu äußern oder sich zu rechtfertigen. Sollte der Angesprochene Verständnisfragen haben, so können diese natürlich gleich geklärt werden.

2.6 Klientenzentrierte Gesprächsführung: Die Führungskraft als Kommunikationspsychologe

Der amerikanische Psychologe Carl R. Rogers (1902 – 1987) ist der Begründer der personenzentrierten Gesprächsführung. Weltweit konnte Tausenden Menschen geholfen werden, ihre Persönlichkeit weiter zu entwickeln und sich bewusster zu entscheiden, wie sie leben wollen.

> „Wenn ich mich so, wie ich bin, akzeptiere, dann ändere ich mich.“

Damit eine Gesprächsatmosphäre entsteht, in der eine echte Konversation in Gang kommt, müssen mehrere Voraussetzungen erfüllt sein.

- So darf die Führungskraft als „Psychologe“ sich nicht hinter einer aufgesetzten Fassade verstecken. Durch Offenheit bezüglich der eigenen Gefühle und Einstellungen erleichtert der Psychologe es seinem Gesprächspartner, unbefangen über die eigene Identität zu sprechen.
- Zweites Kriterium ist die bedingungslose Akzeptanz der Einstellungen und der Situation des Klienten. Dieser darf sich ganz seinen Gefühlen und Einstellungen hingeben und muss sich nicht vor der Wertung durch den Psychologen fürchten. Egal ob Liebe, Hass, Verwirrung oder Stolz: Der Berater akzeptiert den Status quo.
- Wesentlicher dritter Schritt ist die Empathie. Durch genaues Zuhören zeigt der Psychologe Interesse und versucht, den Klienten und seine Gefühle zu verstehen.

Sind alle drei Voraussetzungen gegeben, steht einer erfolgreichen Zusammenarbeit von Klient und Psychologe nichts mehr im Wege. Ins Gespräch kommen und helfen kann man also nur, wenn man mit Ehrlichkeit, Offenheit und Interesse in ein Gespräch geht.

Auf den Punkt gebracht

- Um mithilfe der Psychologie erfolgreich zu sein, muss man die Grundlagen der Kommunikation kennen und einsetzen.
- Es gibt keine objektive Wahrheit. Durch neurologische, gesellschaftliche und persönliche Filter hat jeder Mensch ein anderes Bild von der Wirklichkeit.
- Man kann nicht nicht kommunizieren. Jedes Wort, jede Bewegung und selbst das Schweigen sendet eine Botschaft an Ihren Kommunikationspartner.
- Auf dem Weg zwischen Sender und Empfänger gehen wichtige Teile der Information verloren. Allein der Sender ist für die störungsfreie Kommunikation verantwortlich.
- Nach Schulz von Thun hat jeder Mensch vier Ohren. Je nachdem mit welchem Ohr eine Botschaft empfangen wird, fällt die Reaktion ganz unterschiedlich aus.
- Der größte Teil der zwischenmenschlichen Kommunikation spielt sich auf der häufig unsichtbaren Beziehungsebene ab. Die Sachebene hat viel weniger Einfluss.
- Die Transaktionsanalyse erklärt Kommunikation mithilfe der drei Ich-Zustände. Zu Konflikten kommt es, wenn Rollenzuweisungen nicht akzeptiert werden.
- Durch aktives Zuhören signalisieren Sie Ihren Gesprächspartnern Interesse. Setzen Sie Stimuli ein, um den Fortgang des Gesprächs zu fördern und eine positive Atmosphäre zu schaffen.
- Feed-back-Regeln sorgen dafür, dass alle Mitarbeiter ein faires und offenes Feed-back bekommen, das sie annehmen können. Die Regeln sind für alle verbindlich.

3 Die Psychologie des Überzeugens

Überzeugte Mitarbeiter sind motivierte Mitarbeiter

Es klingelt an der Haustür. Wir öffnen und sehen einen etwas verlotterten jungen Mann. *„O weh, ein Klinkenputzer"*, denkt unser Reptiliengehirn und schwankt zwischen Flucht, Angriff und „sich tot stellen".
Aber er beruhigt uns: *„Ich will Ihnen nichts verkaufen"*. Na, Gott sei Dank! Wir bleiben dennoch wachsam. Er klärt uns auf: *„Ich mache nur eine Umfrage"*. Hm, dagegen ist ja eigentlich nichts einzuwenden, besonders wenn sie, wie der junge Mann beteuert, „nur fünf Minuten" dauert. Also los!

Erste Frage:	*„Was schätzen Sie: Wie viele Strafgefangene werden rückfällig?"*
Wir antworten:	*„30 Prozent."*
Zweite Frage:	*„Kennen Sie einen ehemaligen Strafgefangenen?"*
Antwort:	*„Ähm ... ich glaube nicht."*
Dritte Frage:	*„Finden Sie, dass die Gesellschaft ausreichende Wiedereingliederungshilfen für Vorbestrafte anbietet?"*
Antwort:	*„Nein, da müsste sicherlich viel mehr getan werden."*
Vierte Frage:	*„Sollte man Straftätern mehr Chancen geben?"*
Antwort:	*„Aber natürlich!"*
Fünfte und letzte Frage:	*„Würden Sie einem Straftäter eine Chance geben?"*
Antwort:	*„Jederzeit!"*

Klingt doch eigentlich harmlos, warum sollte man da nicht frisch und frei antworten? Hier kann man ja auch soziales

Engagement zeigen und sich auch energisch für ehemalige Straftäter einsetzen. Also jedenfalls verbal, direkter Handlungsbedarf besteht ja zum Glück nicht. Aber, nachdem wir alle Fragen brav und politisch korrekt beantwortet haben, strahlt der junge Mann plötzlich. Hatten wir nicht gerade in aller Harmlosigkeit beteuert, dass wir selbstverständlich einem Strafgefangenen eine Chance geben würden? Jedenfalls theoretisch, wenn sich diese doch eher unwahrscheinliche Gelegenheit irgendwann unter gewissen Umständen einmal bieten könnte. Nun platzt es freudig aus ihm heraus: *„Das ist ja super! Ich bin Strafgefangener im freien Vollzug!!! Hier ist Ihre Chance! Mein Bewährungshelfer hat gesagt, dass ich entlassen werde, wenn ich feste Arbeit habe. Jetzt arbeite ich für den xy-Verlag und biete Ihnen besonders günstige Zeitschriftenabos. Was lesen Sie denn gern?“*

Also, der Autor dieser Zeilen liest an und für sich gerne ein politisches Wochenmagazin und dachte damals, dass der wöchentliche Weg zum Kiosk doch eigentlich recht anstrengend sei, und überhaupt, hatte er nicht kurz zuvor versichert, Strafgefangenen auf jeden Fall eine Chance geben zu wollen, und nun sah er sich konfrontiert mit dem „Jetzt-kann-man-ja-schlecht-Nein-sagen-Syndrom“.
Heute, nach dem Studium der Psychologie und der intensiven Beschäftigung mit den psychologischen Gesetzen der Überzeugung schlägt der Autor übrigens allen, die ihn in die Psychofalle des hier beispielhaft erwähnten „Konsequenzgesetzes“ (siehe auch Kapitel 3.2) locken wollen, die Tür vor der Nase zu. Und das ohne jedes schlechte Gewissen. Obwohl er immer noch die seinerzeit bestellte Zeitschrift bezieht und sich den damaligen erfolgreichen Manipulationsversuch mit allerlei wichtigen Argumenten schönredet. Aber auch das gehört zu den typischen Symptomen des „Konsequenz-Gesetzes“.

Die Psychologie hat psychische Automatismen entdeckt, denen wir unentrinnbar ausgesetzt sind.

Diese Gesetzmäßigkeiten, nach denen unser Gehirn programmiert ist, nutzen geschickte Manipulatoren aus und verkaufen damit Schnee an Eskimos. Sie zu kennen ist der erste Weg zum Selbstschutz.
Deswegen werden wir uns in diesem Kapitel mit den psychologischen Grundlagen der Überzeugung beschäftigen. Die brauchen Sie, um sich durchzusetzen und Ihre Mitmenschen zu überzeugen, und besonders, um sich vor Tricks und Manipulationstechniken zu schützen.

3.1 Die Überlistung des limbischen Systems – neuropsychologische Voraussetzungen für Führung, Überzeugung und Beeinflussung

Auch wenn wir uns als rationale Wesen begreifen, sind – wie schon im Kapitel „Neuropsychologie" (siehe Kap. 1.3) dargestellt – entwicklungsgeschichtlich ältere Hirnregionen wie das limbische System von größerer Bedeutung für unser Verhalten und Handeln, als wir gemeinhin annehmen. Wer Menschen wirkungsvoll ansprechen möchte, tut also gut daran, sich über die Funktionsweise des limbischen Systems, in dem unsere Emotionen ihren Sitz haben, zu informieren.

Ihr Ziel: Das Langzeitgedächtnis

Wer überzeugen will, muss seine gesendeten Informationen im Langzeitgedächtnis seiner „Zielperson" verankern. Das limbische System fungiert hier als eine Art Wächter, der auf das Gehirn eintreffende Informationen für das Langzeitgedächtnis filtert. Nur solche Informationen, die einer Plausibilitätsprüfung standhalten und für das Individuum bedeutsam und wichtig sind, werden ins Langzeitgedächtnis vorgelassen. Das Langzeitgedächtnis ist die letzte Instanz unseres geistig-seelischen Erinnerungsarchivs. Zuvor müssen alle eintreffenden Informationen das Ultrakurzzeitgedächtnis und das Kurzzeitgedächtnis passiert haben.

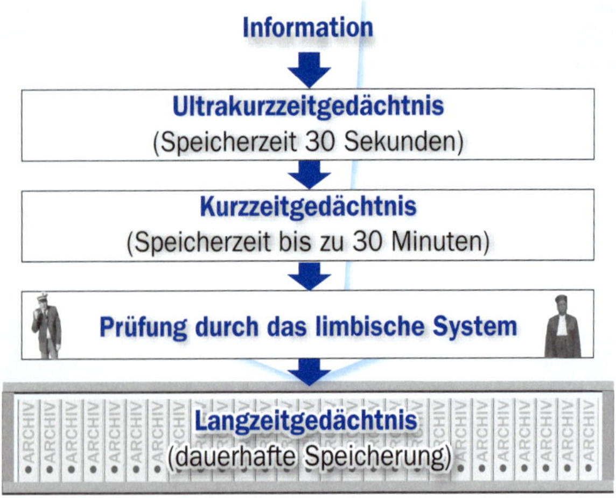

Der Weg einer Information ins Langzeitgedächtnis

Für das Lernen, Erinnern und Überzeugen sind die Stationen „Ultrakurzzeitgedächtnis“ und „Kurzzeitgedächtnis“ bedeutungslos.

> Eine Information, die nicht vom limbischen System bis ins Langzeitgedächtnis vorgelassen wird, bleibt ohne Wirkung.

Nur das Langzeitgedächtnis ist in der Lage, Informationen Jahre oder gar Jahrzehnte abrufbereit zu speichern. Das liegt unter anderem daran, dass die Informationen, die ja zunächst abstrakter, nicht stofflicher Natur sind, vom Gehirn für das Langzeitgedächtnis in Materie umgewandelt werden. Dies geschieht durch die Transformation der an sich abstrakten Information in Proteinverbindungen. Diese Eiweißmoleküle werden im Langzeitgedächtnis gelagert wie Kartoffeln im Keller.
Sie können bei Bedarf (teilweise allerdings unter großer Anstrengung, aber auch im Traum oder unter dem Eindruck

von Schockerlebnissen) hervorgeholt und verwertet werden. Als Vergleich kann hier auch ein Gedanke dienen, der zu Papier gebracht und als Buch gedruckt wird. Hier wird auch Abstraktes zu Materie transformiert.

Ultrakurzzeitgedächtnis und Kurzzeitgedächtnis? – Vergessen Sie's!

Informationen, die vom Ultrakurzzeitgedächtnis und Kurzzeitgedächtnis aufgenommen werden, entsprechen in diesem frühen Stadium noch dem flüchtigen Charakter ihrer ursprünglich abstrakten Daseinsform. Gesprochene oder gelesene Wörter, Töne oder Bilder sind noch nicht in Materie (im vorliegenden Fall: Eiweißmoleküle) umgewandelt. Im Ultrakurzzeitgedächtnis werden die ankommenden Informationen lediglich als elektrochemische Impulse gespeichert. Sofern sie nicht eine Instanz weiterkommen, werden sie für immer aus dem „Arbeitsspeicher" gelöscht und sind auch nie wieder abrufbar. Ähnlich funktioniert auch das Kurzzeitgedächtnis. Erst im Langzeitgedächtnis festigt sich ihr eigentlich flüchtiger Charakter und erfährt eine Metamorphose zum Stofflichen. Eine Information wird dort zur Materie und zwar dadurch, dass sie an Proteinverbindungen andockt und abgelegt wird.

Ihre stärksten Waffen sind hier: Eingehen auf die individuelle Logik, Schönheit, Schrecken, Magie und Bilder.

Sprechen Sie die individuelle Logik an

Es stellt sich nun die Frage, nach welchen Kriterien denn das limbische System Informationen „durchlässt" oder abblockt. Dies geschieht im Wesentlichen durch die schon erwähnte Plausibilitätsprüfung. Dabei werden die Informationen verglichen mit dem vorhandenen Wissen, dem Erfahrungsschatz der dem jeweiligen Menschen eigenen „Logik".

Das kann doch wohl nicht wahr sein

Wer zum Beispiel der festen Überzeugung ist, in seinem Garten stehe ein Einhorn, der kann mit ziemlicher Sicherheit davon ausgehen, dass mit seinem limbischen System etwas nicht stimmt. Ein weißes Pferd mit wehender Mähne, Glitzeraugen und einem langen Horn auf dem Kopf passt weder zu unserem zoologischen gesicherten Wissen, unseren bisherigen Erfahrungen, noch zu den allgemeinen Vorstellungen von Logik. Die Information „Einhorn im Tulpenbeet“ dürfte also normalerweise nicht vom „limbischen Wächter“ durchgelassen werden. Wer von etwas überzeugt ist, das gemeinhin als unlogisch angesehen wird, könnte ein Problem im linken Schläfenlappen haben. Dort sitzt nämlich der Polizistus Limbus. Es gibt sogar Forscher, die okkulte Phänomene wie Marienerscheinungen oder die Fähigkeit, mit Verstorbenen zu reden, auf einen Defekt im limbischen System zurückführen.

Unwichtiges wird sofort vergessen, Wunder dauern etwas länger

Neben der vorgenannten Plausibilitätsprüfung gibt es noch die Prüfung der Wichtigkeit einer Information durch das limbische System. Beispiel: Als eingefleischter Biertrinker reißen Sie das Werbeanschreiben eines Weinguts auf, rastern es kurz ab, bleiben bei dem Wort „Wein“ hängen und werden das Schreiben sofort zusammengeknüllt in den Papierkorb. Hier hat Ihr limbisches System die Weiterverarbeitung der Information abgelehnt, weil diese für Sie irrelevant und unwichtig ist. Und wenn Sie sich wundern, warum Ihr Kind, Ihr Mitarbeiter, Ihr Chef oder Kunde nicht das tut, was Sie wollen, obwohl Sie es „ihm hundertmal gesagt haben“, sind Sie am limbischen System Ihres Gegenübers gescheitert. Dieses hat den Fall nämlich geprüft und für unwichtig, uninteressant oder unlogisch befunden.

Damit Ihnen dies kein zweites Mal passiert, wollen wir kurz darauf eingehen, wie wir den von uns gesendeten Informationen den Weg durch das limbische System in das Langzeitgedächtnis erleichtern können. Wichtigste Kriterien hierbei sind

- Schönheit,
- Zauber,
- Schock,
- Bilder.

Schönheit: Auf die „Verpackung" kommt es an

Um vom limbischen System akzeptiert zu werden, kann eine Information „schön", d.h. mit angenehmen Gefühlen verbunden sein. Dies macht sich zum Beispiel die Suggestopädie bei Lernprozessen zunutze, indem sie ihre Schüler mit Musik, entspannter Atmosphäre etc. in eine „Wohlfühl-Stimmung" versetzt. An angenehme Situationen und Empfindungen können wir uns noch nach Jahren gut erinnern. Aus einem ähnlichen Grund lassen wir uns von schönen Menschen auch leichter überzeugen als von solchen, die wir als weniger attraktiv oder gar unattraktiv einstufen.

Konsequenz für Sie als Führungskraft!

Sorgen Sie für die „Schönheit" Ihrer Informationen: Incentives, kleine Geschenke und Gefälligkeiten, Blumen, Ambiente, Layout, Corporate Design, Dress-Code, Lächeln.

Zauber: Setzen Sie auf Überraschungseffekte

„Magische" Informationen erreichen das Langzeitgedächtnis ebenfalls leichter. Magisch sind Informationen dann, wenn sie mehr oder weniger mit „Zauber" zu tun haben. Wenn sie also unsere Naturgesetze scheinbar außer Kraft setzen, indem irgendetwas fliegt, was nicht fliegen kann, oder ein Zwerg einen Riesen trägt, ein Mann wie eine Frau singt, wenn es zischt und kracht, blitzt und raucht. Kurzum, wenn Informationen uns verblüffen und überraschen. Insbesondere dann, wenn wir Erwartungen haben, die auf eine sehr überraschende Art und Weise (am besten positiv) konterkariert werden.

Beispiel 1:

Eigentlich hatten wir erwartet, dass das soeben verschwundene Häschen nun wohl im Zylinder des Zauberers sitzen würde. Stattdessen kriecht es aus der Aktentasche eines älteren Herrn aus dem Publikum und aus dem Zylinder fliegen zwei weiße Tauben.

Beispiel 2:

Der Kunde hat eine Reklamation und erwartet nun, dass er mit dem Verkäufer „balgen" muss. Dieser ist aber unerwartet freundlich, löst das Problem sofort, gibt ein Ersatzgerät heraus, macht dem Kunden noch ein kleines Geschenk und bedankt sich dafür, dass der Kunde ihm mit seiner Mängelrüge eine wichtige Information über die Produktqualität geliefert hat. Untersuchungen haben ergeben, dass sich Kunden noch nach Jahren an solche Szenen erinnern können und dadurch auch zu Stammkunden wurden.

Konsequenz für Sie als Führungskraft!

Setzen Sie auf geschickte Inszenierungen, Überraschungseffekte. Trainieren Sie Rechenkunststücke und verblüffen Sie ihren Außendienst damit, dass Sie in Nullkommanix die Quartalszahlen für die Region West im Kopf addieren. Spielen Sie ein Instrument, können Sie Dialekte imitieren, singen, Karate, Gedichte rezitieren, zeichnen usw.? Nur Mut! Der Erfolg wird Sie verblüffen.

Schock: Erfahrungen unter Druck wirken nachhaltiger

Was die unter Punkt „Schönheit" genannte Suggestopädie unterschlägt, ist die wenig angenehme Tatsache, dass Lern-

erfahrungen, die unter starkem Druck, Stress und sogar Angsterlebnissen entstehen, genauso erfolgreich sind (oder vielleicht sogar noch erfolgreicher) wie die in angenehmer Atmosphäre entstandenen.
Wir erinnern uns beispielsweise an unseren ersten Griff auf die heiße Herdplatte in frühester Kindheit, der uns ein für alle Mal gelehrt hat, dies nie wieder zu versuchen. Vergleichen Sie selbst einmal Ihr Wissen und Erinnerungsvermögen, das Sie in der Schule oder andernorts erworben haben

- durch Drucksituationen wie Benotung, Zeugnisse, Klausuren, Prüfungen, strenge Lehrer,
- durch Kurse, Vorträge, Seminare ohne Prüfungsdruck.

Sie werden feststellen, dass Ihr in Drucksituationen erworbenes Wissen wesentlich präsenter ist als solches Wissen, das in einem Unterricht erworben wurde, für den es nur einen „Sitzschein“ (unqualifizierte Teilnahmebescheinigung) gab. „Aus Schaden wird man klug“, heißt es ja auch treffend im Volksmund.

Konsequenz für Sie als Führungskraft!

„Schocktherapien“ lassen sich natürlich nur bedingt anwenden. Hartes Durchgreifen wirkt aber manchmal Wunder. Manchmal kann es auch angeraten sein, Mitarbeiter gewissermaßen bewusst „ins kalte Wasser“ zu werfen, damit sie nachdrückliche Erfahrungen sammeln können, die letztlich förderlich wirken.

Aber Vorsicht! Dieses Kapitel sollte vor der konkreten Anwendung wohl durchdacht und verinnerlicht werden. Es kommt auf die individuelle Situation an.

Bilder: Ein Bild sagt mehr als tausend Worte

Ich sehe was, was du nicht siehst

Betrachten Sie bitte einmal folgendes Bild auf der nächsten Seite:

Abb. 1: Eine Ansammlung unstrukturierter Kleckse?

Sie erkennen wahrscheinlich nichts. Nur wenige Menschen sind in der Lage, aus diesem Chaos eine sinnvolle Struktur (und eine solche gibt es) zu identifizieren. Auch wenn Sie nichts in der Abbildung erkennen, müssen Sie sich trotzdem keine Sorgen machen, es gibt keine „Lösung" zu dieser Aufgabe. Diese „Auflösung" finden Sie auf der übernächsten Seite. Bitte blättern Sie jetzt einmal dorthin um und betrachten Abbildung 2, um sich dann wieder Abbildung 1 auf dieser Seite zuzuwenden.
Nachdem Sie nun ein „Bild vor Augen" haben, können Sie diese Gestalt in die scheinbar ungeordnete Struktur von Abbildung 1 auf dieser Seite übertragen. Und plötzlich sehen Sie ganz deutlich die Figur von Abbildung 2 im Zentrum. Sie haben sich „ein Bild gemacht".
Dieses Bild erleichtert Ihnen den Zugang und das Verstehen und hat sich darüber hinaus in Ihr Langzeitgedächtnis übertragen. Wenn Sie sich morgen oder in der nächsten Woche Abbildung 1 noch einmal vornehmen, so werden Sie immer in Sekundenbruchteilen die Figur von Abbildung 2 identifizieren. Dies funktioniert selbst noch in einigen Jahren – probieren Sie es einmal aus.

Sie erinnern sich vielleicht an ein sehr bekanntes Bild von einer alten und einer jungen Frau, die ineinander verschmelzen und je nach Betrachtungsweise vor- oder zurückspringen. Wenn Sie dieses Bild einmal gesehen und verstanden haben, vergessen Sie es auch nie wieder. Vielleicht haben Sie dieses Bild im Laufe der Jahre immer wieder einmal gesehen und konnten es sofort richtig „lesen". Das limbische System hat die entsprechende Information „durchgelassen", weil sich in Ihnen ein Bild gebildet und verankert hatte.

Wie sehr eine bildhafte Vorstellung dem Erinnerungsvermögen hilft, sehen Sie auch in der zweiten Übung.

Bildlich gesprochen, wörtlich genommen

Sie finden hier einander gegenübergestellte Wörter, die zunächst keinen sinnvollen Zusammenhang bilden:

Plan	*Schiff*
Auto	*Pokal*
Papier	*Leiter*
Tasse	*Kopf*
Champagnerflasche	*Schiff*
Gipfel	*Weg*

Bitte prägen Sie sich diese Wortkombinationen ca. 20 Sekunden lang ein. Nehmen Sie jetzt bitte ein Blatt Papier und decken Sie die linke Spalte zu, sodass Sie nur noch die Wörter in der rechten Spalte sehen können. Versuchen Sie sich nun zu erinnern, welcher Begriff zu dem jeweiligen Wort sich auf der linken Seite befand.

Wenn Sie nicht gerade ein Erinnerungsgenie sind, werden Sie vermutlich eine Übereinstimmung von unter zehn Prozent erreichen. Zur Verbesserung dieses Ergebnisses können wir einen „Trick" anwenden, mit dem zum Beispiel Erinnerungskünstler ihre Imaginationskräfte stärken. Dazu konzentrieren wir uns auf ein Wortpaar und stellen uns einen bildhaften Zusammenhang vor.

Abb. 2: Hinter den Klecksen verbirgt sich der Umriss eines Hundes

Bildhafte Vorstellung

Beginnen wir die Übung mit dem **Beispiel Plan und Schiff:** Sie stellen sich jetzt ganz konkret vor, wie Sie mit einem Schiff eine Kreuzfahrt unternehmen wollen und wie Sie sich dazu zu Hause einen Plan erstellen, stellen Sie sich vor, wie Sie gemeinsam mit Ihrem Reisepartner die Route festlegen, die einzelnen Inseln und Länder, die Sie ansteuern wollen, welche Sehenswürdigkeiten Sie besichtigen wollen und wie Sie an Bord verwöhnt werden.

Beispiel Auto – Pokal: Stellen Sie sich Michael Schumacher vor, der mal wieder die Formel 1 gewonnen hat und nun auf dem Siegerpodest steht und den großen, goldenen, leuchtenden Pokal in die Sonne hält.

Beispiel Papier – Leiter: Stellen Sie sich eine hölzerne aufgestellte Trittleiter vor, auf der oben ein kleiner weißer Papierzettel liegt.

Beispiel Tasse – Kopf: Stellen Sie sich bildhaft vor, wie Sie anlässlich eines Ehestreits eine Tasse nach Ihrem Partner werfen, die zu Boden fällt und in tausend Stücke zerbirst.

Beispiel Champagnerflasche – Schiff: Stellen Sie sich vor, wie ein Ozeanriese vom Stapel gelassen und eine Frau zur

Schiffstaufe eine große Champagnerflasche in hohem Bogen gegen den Rumpf wirft. Die Flasche zerplatzt, der Inhalt läuft schäumend und zischend den Bug herab.
Beispiel Gipfel – Weg: Imaginieren Sie einen Berg, zu dem sich ein Weg hinaufschlängelt, der breit beginnt und dann immer schmaler wird, bis er im Dunst fast verschwindet.

Bilder helfen erinnern

Wenn Sie zu jedem Begriffspaar ein konkretes Bild verankert haben, führen Sie den Abdeckversuch erneut durch. Bedecken Sie nun die rechte Seite mit einem Stück Papier und lesen der Reihe nach die Begriffe auf der linken Seite laut vor. Versuchen Sie nun zu jedem Begriff unmittelbar die Entsprechung zu nennen, die sich auf der rechten Seite unter dem Abdeckpapier befindet. Wenn Sie die Übung ohne zu schummeln konsequent durchgeführt haben, werden Sie mit Verblüffung feststellen, dass Sie sich ohne jede Schwierigkeit aller Begriffskombinationen entsinnen können.
Der Grund: Da Sie nun in Ihrem Erinnerungsbemühen die rein abstrakte Ebene verlassen haben hin zu einer Verbildlichung, ist es den entsprechenden Informationen gelungen, sich im Langzeitgedächtnis zu etablieren.

Bilder überlisten das limbische System

Wenn Sie mit anderen Menschen kommunizieren, muss es Ihr Ziel sein, mit Ihren gesendeten Botschaften aus den flüchtigen Vorinstanzen des Erinnerungsapparates durch das limbische System hindurch ins Langzeitgedächtnis Ihres Gegenübers zu gelangen. Nur dann können Sie sicher sein, dass die Botschaft (so gut es eben geht) verstanden und auch behalten wird. Zwar ergeben sich daraus noch keine direkten Handlungskonsequenzen, der Weg dafür ist aber wesentlich besser bereitet, als wären Ihre Nachrichten im Kurzzeitgedächtnis hängen geblieben bzw. gelöscht worden.

> Sprechen Sie in Bildern, verwenden Sie eine bildhafte Sprache.

Dies gilt für den Umgang mit Kunden ebenso wie mit Mitarbeitern, Vorgesetzten oder Kollegen. Und natürlich auch mit Kindern, aber das gehört in einen anderen Zusammenhang.

Wenn Sie Ihren Mitarbeiter in einer schwierigen Situation unterstützen wollen, sagen Sie nicht: *„Ich bin immer für Sie erreichbar".*
Formulieren Sie besser bildhaft: *„Herr Müller, wenn irgendein Problem auftritt, können Sie mich jederzeit anrufen. Und wenn Sie mich dafür nachts aus dem Bett holen, ich bin spätestens in einer halben Stunde bei Ihnen."*
Sagen Sie nicht: *„Unser Modell XB12 mit der Chrom-Nickel-Legierung liegt zwar im oberen Preissegment, dafür zeichnet es sich aber auch durch eine lange Lebensdauer aus."*
Formulieren Sie bildhaft: *„Unsere XB12 ist der Mercedes unter den vernickelten Innensechskantschrauben. Sie hat ihren Preis, hält aber ewig."*

Das Bild siegt

Brauchen Sie wirklich eine Burg?

Ein Fertighaushersteller hatte festgestellt, dass von seinen Verkäufern keineswegs die „alten Hasen" oder die studierten Fachleute am besten abschnitten. Oft machten die besten Geschäfte gerade die neuen, ursprünglich fachfremden Quereinsteiger.
Der Vertriebsleiter, der bisher davon ausgegangen war, dass man ein erklärungsbedürftiges Produkt am besten mit ausgezeichnetem Fachwissen und Erfahrung verkauft, war höchst verblüfft, als er das Ergebnisprotokoll eines hinzugezogenen Unternehmensberaters las. Dieser hatte die Verkäufer auf ihren Touren durch ihre Kundenbezirke beobachtet, die Verkaufsgespräche protokolliert und ausgewertet. Ihm war aufgefallen, dass die erfahrenen, ausgebildeten Ingenieure unter den Verkäufern dem Kunden zum Beispiel zu dem Thema „Wärmedämmung" längere hoch qualifizierte

Fachvorträge zu Kältebrücken und Wärmedurchlassungskoeffizienten hielten. Sie waren sehr stolz auf ihr Fachwissen und genossen sehr die Bühne, die sich ihnen bot. Also illustrierten sie ihre Fachvorträge mit ausgiebigem Zahlenmaterial und füllten damit vor den Augen des Kunden mehrere DIN-A4-Seiten. Sie hatten ja in Präsentationsseminaren gelernt, dass Visualisierungen abstrakte Informationen verständlicher machen.

Unnötig zu erwähnen, dass sie ihr Fachwissen durch virtuose Verwendung des entsprechenden Branchen-Vokabulars genüsslich vorführten.

Der besagte Unternehmensberater hatte nach dem Verkaufsgespräch auf eine sehr behutsame Art eine Kundenbefragung durchgeführt. Dabei zeigte sich, dass die Kunden so gut wie gar nichts verstanden hatten, sich an nichts erinnern konnten und sehr froh waren, als die Vorträge zu Ende waren.

Die fachfremden Verkäufer dagegen, die noch dazu relativ unerfahren waren, sprachen im Gegensatz zu ihren altgedienten Kollegen wesentlich weniger. Dies alleine schon deswegen, weil sie sich in der Materie noch nicht ganz sicher waren, ihnen weitgehend das Fachchinesisch fehlte und sie schlicht Angst hatten, etwas Falsches zu sagen. Bei den Erfolgreichsten unter ihnen machte der Unternehmensberater eine interessante Entdeckung. Sie philosophierten nicht über K-Werte oder die Energieeinsparungsverordnung, sondern sie benutzten zur Erläuterung der in der Tat sehr hohen Wärmedämmungsqualität ihrer Produkte Bilder aus der Alltagssprache.

Das klang dann so: *„Herr Müller, Sie sagten gerade, statt unserer Sandwichkonstruktion hätten Sie lieber ein massives Steinhaus. Darf ich fragen, wo Sie da die Vorteile sehen?“* Antwort des Kunden: *„Das ist doch viel wärmer!“* Verkäufer: *„Herr Müller, wenn Sie bei einem Steinhaus auf dieselben Wärmedämmungswerte kommen wollen wie bei uns, dann brauchten Sie Wände, die einen Meter fünfzig dick sind.“* (Der Verkäufer untermalte seine Ausführungen mit einer entsprechenden Handbewegung, indem er beide Arme so weit nach rechts und links ausstreckte, bis sie eine Spannweite von 1,50 m hatten.) Er fragte weiter: *„Herr Müller, wie groß ist Ihr Grundstück? Aha, also 400 Quadratmeter. Hm, das dürfte knapp werden."* Es gab keinen Kunden, der das nicht verstanden hätte. Wie gesagt, die Verkäufer, die sich einer solchen bildhaften Sprache bedienten, waren die erfolgreichsten.

Als Nebenprodukt der Untersuchung wurden kleine, einfache Werbegeschenke aus Kunststoff angeschafft. Der Berater hatte nämlich oft von Kunden den Einwand gehört: *„Das klingt ja alles ganz schön, fast zu perfekt, wo ist denn da der Haken?"* Die Verkäufer bemühten sich nun, wortreich zu erklären, dass ihr Angebot wirklich äußerst attraktiv sei, und wiederholten ihre schon zuvor bemühten Verkaufsargumente; nein, irgendwelche Nachteile gäbe es wirklich nicht.

Nach der neuen Strategie reagierten die Verkäufer bei der Frage nach dem Haken auf folgende Weise: *„Wo der Haken ist? … Hier!"* Sie holten ohne weitere Erklärung aus ihrer Aktentasche einen kleinen Kunststoffhaken hervor, den man als praktischen Handtuchhalter auf der Oberkante der Badezimmertür einhängen konnte. Der unvoreingenommene Betrachter würde nun sagen: Da fühlten sich die Kunden doch wohl veralbert. Weit gefehlt! Die Kunden lachten, das Eis war gebrochen und niemand fragte weiter nach dem Haken.

Katze und Maus und Knigge

Ein Knigge-Trainer für moderne Umgangsformen und Tischsitten hatte immer große Probleme, seinen Seminarteilnehmern zu erläutern, mit welchen Abständen sie zur Tischkante und hinten zur Stuhllehne sitzen sollten. Weil er mit Zentimeterangaben arbeitete, nickten zwar alle ganz verständnisvoll, beim anschließenden Testessen ging es dann aber drunter und drüber. Wenn er aber sagte: *„Sitzen Sie bei Tisch immer so, dass zwischen Bauch und Tischkante eine Katze, zwischen Rücken und Stuhllehne eine Maus Platz fin-*

den könnte", dann konnten sich alle Teilnehmer später bestens an die Empfehlung erinnern und tafelten vorbildlich. Wahrscheinlich werden sie das Katze-und-Maus-Bild ihr Leben lang in Erinnerung behalten.

Mit Bildern schaffen Sie (fast) alles

Mit konzentrierten, gesteuerten Imaginationskräften können Sie auch ungeahnte Körperkräfte mobilisieren oder geistige Höchstleistungen vollbringen. Wenn Sie etwas erreichen wollen und ein bestimmtes Ziel anstreben, so stellen Sie sich dieses Ziel bildhaft vor und versuchen Sie es durch mehrmaliges Üben fest in Ihrem Langzeitgedächtnis zu verankern. Umgekehrt lassen sich auf diese Weise auch Ihre Mitarbeiter für Ihre Ziele gewinnen.

Wer beispielsweise verliebt ist, hat den Gegenstand seiner Passion ständig vor seinem geistigen Auge; der oder die Geliebte begleitet ihn den ganzen Tag. Man könnte meinen, er oder sie befände sich wie beim TV auf einer Art zweitem Monitor unten rechts im Bild. Man fühlt sich an eine Nachrichtensendung erinnert, die von einem Taubstummen-Gebärdensprecher gestisch und mimisch begleitet wird.

Stellen Sie sich vor ...

Alles, was man wirklich will, ist stets präsent. Wenn Sie also Abteilungsleiter werden wollen, stellen Sie sich vor, dass Sie es schon sind. Imaginieren Sie, wie Sie an Ihrem neuen Schreibtisch sitzen, in feinsten Zwirn gewandet sind und Ihre neuen Mitarbeiter von Ihren Vorstellungen begeistern können.

Imaginieren Sie auch grammatisch im Hier und Jetzt, nicht im Futur oder im Konjunktiv, obwohl dies rein grammatikalisch vielleicht korrekter wäre. Also nicht: *„Was wäre, wenn ..."*, sondern: *„Ich bin, ich mache, es ist"*. Im „normalen Leben" tun Sie das ohnehin schon. Wer sich wirklich auf etwas freut und von etwas hundertprozentig überzeugt ist, benutzt „automatisch" ausschließlich den Indikativ. Überprüfen Sie sich einmal selbst. Sie sagen nicht: *„Morgen werde* *ich in Urlaub fahren"*, sondern: *„Morgen fahre ich in Urlaub"*, oder noch imaginativer: *„Morgen bin ich in Griechenland"*. Grammatisch nicht korrekt, aber sehr überzeugend.

Besonders überzeugend wirkt auch der beliebte Spruch zum Feierabend: *„So, ich bin dann weg"*. Ist ja glatt gelogen. Dieser Sprachgebrauch zeigt aber, dass sich jemand innerlich bereits aus der gegenwärtigen Szene verabschiedet hat und gewissermaßen schon im nächsten Film mitspielt. Niemand würde versuchen, einen solchen Reisenden aufzuhalten.

Versuchen Sie daher nicht, Ihre Mitarbeiter von abstrakten, in ferner Zukunft liegenden Zielen zu überzeugen, sondern begeistern Sie sie, indem Sie den positiven Zustand, der dann erreicht ist (sein wird), in den schönsten Farben ausmalen.

Sagen Sie Ihren Außendienstlern also nicht: *„Für das zweite Quartal streben wir ein Umsatzplus von 15 Prozent an"*, sondern formulieren Sie besser: *„Wenn im zweiten Quartal ein Umsatzplus von 15 Prozent erreicht ist, können wir über eine Erhöhung der Provisionen nachdenken"*.

3.2 Die Gesetzmäßigkeiten der Überzeugungspsychologie

Die Psychologie kennt eine ganze Reihe von Automatismen, nach denen wir uns verhalten. Wenn Sie diese kennen, durchschauen Sie nicht nur die Reaktionen anderer Menschen, sondern können bewusst mit diesen Gesetzmäßigkeiten arbeiten, um andere dazu zu bringen, genau so zu reagieren, wie Sie es sich wünschen. In der Folge werden sieben psychische Automatismen vorgestellt.

Das Revanchegesetz: Wie du mir, so ich dir ...

Wissenschaftler haben an hundert fremde Personen, die nach dem Zufallsprinzip ausgewählt wurden, eine Weihnachtskarte verschickt. Das Resultat war erstaunlich: 85

Prozent der Angeschriebenen haben dem Absender im Gegenzug ebenfalls eine Weihnachtskarte geschrieben, obwohl dieser ihnen unbekannt war. Hilfsorganisationen, die regelmäßig per Brief um Spenden bitten, haben ähnliche Erfahrungen gemacht. Legt man den Briefen eine Postkarte oder ein anderes kleines Geschenk bei, so steigt die Zahl der Menschen, die sich mit einer Spende revanchieren, obwohl sie dazu in keiner Weise verpflichtet gewesen wären. In unserer Gesellschaft gilt die Regel: „Wie Du mir, so ich Dir". Das Revanchegesetz ist der Grund, aus dem Geschäftspartner Sie zum Essen einladen, Weihnachtspräsente verschickt werden, Kugelschreiber und andere Werbeartikel in großen Mengen verteilt werden und Staubsaugervertreter eine Flasche Wein mitbringen. Dem psychologischen Druck, sich für eine Gefälligkeit zu revanchieren, kann sich kaum jemand dauerhaft entziehen.

Tipp für Sie als Führungskraft!

Nutzen Sie das Bestreben sich zu revanchieren zur Förderung Ihrer Beziehungen. Bieten Sie Ihren Kunden ein wenig mehr als das Erwartete und überraschen Sie sie mit kleinen kostengünstigen Zugaben oder Services. Bringen Sie Ihren Mitarbeitern zu Karneval Berliner mit und ermöglichen Sie ihnen die ein oder andere individuelle Freiheit. Erfreuen sie ihren Chef durch die Übernahme kleiner zusätzlicher Aufgaben. Mit geringem Aufwand sorgen Sie so dafür, dass man Sie in guter Erinnerung behält und sich bei Gelegenheit verpflichtet fühlt, es Ihnen mit gleicher Münze zurückzuzahlen.

Das Konsequenzgesetz: Beharrungsvermögen und Routinen nutzen

Befragt man die Besucher eines Pferderennens vor und nach Abschluss einer Wette nach den Chancen ihrer Favoriten, so stellt man fest, dass sie nach dem Abschluss der Wette deut-

lich optimistischer sind als zuvor. Nachdem die Entscheidung verbindlich getroffen ist, sorgt nämlich das Konsequenzgesetz dafür, dass diese mit allen Mitteln gerechtfertigt und verteidigt wird. Das schafft freie Bahn, sich mit neuen Themen und Entscheidungen zu beschäftigen, und verhindert, dass man durch das Grübeln über vergangene Entscheidungen zu lange blockiert wird.
Natürlich greift das Konsequenzgesetz auch im Berufsleben. Den meisten Menschen fällt es schwer, Fehler zuzugeben und von der einmal eingeschlagenen Routine abzuweichen. Nutzen Sie diese Tendenz: Wenn es Ihnen gelingt, das Beharrungsvermögen Ihrer Mitarbeiter im Sinne Ihrer eigenen Ziele zu wecken, können Sie diese zu den persönlichen Anliegen Ihrer Mitarbeiter machen, die sie konsequent verfolgen werden.

Tipp für Sie als Führungskraft!

Führungskräfte, die nicht zu ihrem Wort stehen, alles zur Disposition stellen und getroffene Entscheidungen immer wieder revidieren, werden bald nicht mehr ernst genommen. Haben Sie sich einmal für eine Vorgehensweise entschieden, sollten Sie die notwendigen Maßnahmen einleiten und auch konsequent durchhalten. Nur wer zu seinem Wort steht, kann auch andere beim Wort nehmen.
Zur Konsequenz im Handeln gehört es aber auch, Fehlentscheidungen zuzugeben. Wer für alle offensichtliche Fehler schönredet, verliert ebenfalls an Autorität.

Das Kontrastgesetz: Das kleinere Übel schmackhaft machen

An einem Forschungsinstitut für Veterinärmedizin wurde die Wirksamkeit der Kontrastregel in einem empirischen Versuch bewiesen. Der Versuchsleiter trat vor eine Gruppe Studenten und verkündete: *„In diesem Semester wird unser Institut mit dem örtlichen Tierheim zusammenarbeiten. Sie* *haben die Gelegenheit ein Jahr lang einen Hund in Ihrer Wohnung aufzunehmen und herauszufinden, wie sehr das Tier Ihr Leben bereichert"*. Die Begeisterung hielt sich sehr in Grenzen. Betroffenes Schweigen. Niemand wollte einen Hund aufnehmen. Die Ablehnungsquote lag bei 100 Prozent. Im Anschluss machte der Versuchsleiter ein weiteres Angebot: *„Wer von Ihnen würde denn am nächsten Wochenende einen Spaziergang mit einem der Hunde aus dem Tierheim machen?"* Der zweite, weitaus weniger weit gehende Vorschlag wurde mit großer Erleichterung aufgenommen. Gut 80 Prozent der Studenten sagten spontan zu. Bei einer Vergleichsgruppe begann der Versuchsleiter mit der zweiten Frage. Für einen Spaziergang mit einem Hund aus dem Tierheim entschieden sich weniger als 20 Prozent der Studenten.

Der Versuch wurde zu ganz unterschiedlichen Themen und mit Testpersonen aller Altersklassen wiederholt. Jedes Mal das gleiche Resultat. Stellt man zunächst die Maximalforderung, so liegt die Zustimmung für die zweite Auswahlmöglichkeit weitaus höher, als wenn man nur diese anbietet.

Das Kontrastgesetz sorgt auch in der Gastronomie für höheren Umsatz. Bestellt man in einem Fast-Food-Restaurant eine Cola, fragt der Mitarbeiter fast immer: *„Eine große oder eine mittlere?"* Die meisten Kunden vergessen in diesem Moment, dass sie eigentlich nur wenig Durst haben und eine kleine Cola kaufen wollten, und werden, ohne es zu merken, zu Opfern des Kontrastgesetzes.

Tipp für Sie als Führungskraft!

Nutzen Sie das Kontrastgesetz, um Ihre Forderungen durchzusetzen. „Erschrecken" Sie Kunden und Mitarbeiter erst mit einem sehr weit gehenden Vorschlag und bieten Sie dann als Alternative ihr eigentliches Ziel an. In den meisten Fällen werden Sie Erfolg haben. Achten Sie andererseits darauf, dass Sie nicht selbst Opfer des Kontrastgesetzes werden.

Das Massengesetz: Den Herdentrieb nutzen

Befragt man Fernsehzuschauer, ob sie das künstlich eingespielte Lachen bei Comedy-Sendungen mögen, äußern sich die meisten ablehnend. Doch untersucht man die Lachfrequenz bei Sendungen mit und ohne Lachkonserven, so stellt man fest, dass die Lachfrequenz der Zuschauer durch die Einblendungen massiv gesteigert wird. Bewusst weiß der Zuschauer zwar, dass das Lachen künstlich ist, doch unterbewusst reagiert der Mensch auf Massenphänomene und lässt sich gerne mitreißen.

In der Frühzeit des Menschen sicherte dieser Herdentrieb das Überleben. Sobald einzelne Individuen realisierten, dass Gefahr drohte, rissen sie die ganze Herde mit in die Flucht. Das Gleiche kann man bei Rindern beobachten. Obwohl nur einzelne Tiere eine Gefahr wittern, beginnen alle Herdenmitglieder gemeinsam zu laufen. Ganz ähnlich reagiert der Mensch auch heute noch. Lachen viele, lachen wir mit. Rennt eine Gruppe von Menschen los, rennen wir mit. Und gehen viele Menschen in dieselbe Disko, möchten wir automatisch dabei sein. Nicht umsonst lassen Diskobetreiber vor ihren Eingängen lange Schlangen entstehen, um so zu zeigen, dass ihre Location besonders angesagt ist.

Tipp für Sie als Führungskraft!

Im Gespräch mit Kunden, Mitarbeitern und Vorgesetzten hilft das Massengesetz. Stoßen Sie beispielsweise auf Widerstand bezüglich der Umsetzung einer Maßnahme, verunsichert ein „Alle anderen sind total begeistert. Sie sind der Erste, der Vorbehalte äußert“, die meisten Kritiker und hilft dabei, die eigenen Ideen durchzusetzen.

Das Attraktivitätsgesetz: Sympathie gewinnen

Untersuchungen haben gezeigt, dass körperliche Attraktivität den Anschein von Kompetenz und Leistungsfähigkeit

vermittelt. So erhielten gut aussehende Kandidaten bei einer von Psychologen analysierten Wahl rund zweieinhalbmal mehr Stimmen als ihre weniger attraktiven Konkurrenten.
Nicht einmal die Justiz kann sich dem Attraktivitätsgesetz entziehen. Bei Entscheidungen über Schadenersatzzahlungen verdoppelte sich die dem Opfer zugesprochene Summe, wenn dieses attraktiver als der Täter war. Auch bei Notlagen zahlt sich Attraktivität aus. Die junge gut gekleidete Frau, die uns im Bahnhof auf zwei Euro für eine Fahrkarte anspricht, bekommt weitaus eher Hilfe als der rauchende, dreckige Kleidung tragende Mann, der sich mit der gleichen Frage an uns wendet. Doch nicht nur Äußerlichkeiten sorgen für Attraktivität und Sympathie.
Gold wert ist die Fähigkeit, eine gewisse Ähnlichkeit zwischen Verhandlungspartnern zu betonen. So geben gute Verkäufer vor, ähnliche Interessen wie der Kunde zu haben, und erkundigen sich ausführlich nach den neuesten Erkenntnissen aus dem Angelsport, selbst wenn sie schon seit langem eine Allergie gegen Fisch haben.

Tipp für Sie als Führungskraft!

Gewinnen Sie die Sympathie ihrer Vorgesetzten, Kunden und Mitarbeiter mithilfe des Attraktivitätsgesetzes. Begeistern Sie Kunden und bitten Sie diese um Empfehlungen, also Adressen und Telefonnummern von anderen potenziellen Kunden. Zeigen Sie Interesse für die Wertvorstellungen und Hobbys Ihrer Vorgesetzten und Mitarbeiter und sorgen Sie so dafür, dass Sie in den Augen der anderen an Attraktivität gewinnen.

Das Autoritätsgesetz: Status erlangen

Der Gehorsam gegenüber Autoritäten ist vielen Menschen fest eingepflanzt. Durch eine Uniform werden eigentlich unbedeutende Mitarbeiter eines Sicherheitsdienstes plötzlich zu hoch respektierten Personen. Parkplatzwächter lassen uns riesige Umwege fahren, nur weil ihnen durch ihre Aufgabe die Autorität verliehen wurde, dies von uns zu verlangen.

Dabei lassen wir uns von ganz unterschiedlichen Signalen beeindrucken. Wohl am wirkungsvollsten sind akademische Titel. Wer möchte in Frage stellen, was ein Doktor oder Professor gesagt oder erforscht hat? Wer könnte den Ergebnissen einer wissenschaftlichen Studie misstrauen, selbst wenn er die Studie nicht kennt oder sie nicht überprüfen kann? Und wer kann sich der Wirkung von Kleidung und Auftreten entziehen? Sicher die wenigsten.

So lud ein amerikanischer Forscher Menschen in sein Labor ein und machte mit ihnen einen Test. Die Versuchsteilnehmer wurden auf eine Liege gelegt und bekamen ähnlich wie bei *„Wer wird Millionär?"* Fragen gestellt. War die Antwort richtig, folgte die nächste Frage. War die Antwort falsch, bekamen die Teilnehmer einen ungefährlichen Stromschlag mit steigender Stärke. Als sich nach einiger Zeit die Stromstöße bei falschen Antworten zu einem unangenehmen Kribbeln steigerten, hatten die Teilnehmer genug von dem Experiment, doch wenn der Versuchsleiter auf die Bitte, den Versuch zu beenden, eine neue Frage stellte, versuchten die meisten trotzdem diese zu beantworten, statt sich der Autorität zu widersetzen und zu gehen.

Versucht ein Gesprächspartner Sie mit Autorität zu beeinflussen, stellen Sie sich zunächst die Frage: *„Ist die genannte Autorität tatsächlich eine Fachautorität, deren Meinung hilfreich ist?"* Im Anschluss stellen Sie sich die Frage, *„Kann ich mich in diesem speziellen Fall auf die Ehrlichkeit des Experten verlassen?"* Nur, wenn Sie beide Fragen mit einem klaren „Ja" beantworten können, sollten Sie die Autorität akzeptieren.

Durch geschickte Vorgehensweise können Sie sich selbst den Status einer Autorität erarbeiten. Geben Sie Ihren Mitarbeitern Hinweise, die ihnen die Arbeit erleichtern. Dazu brauchen Sie im Detail nicht einmal selber über alles Bescheid zu wissen, sondern nur entsprechende Anlaufstellen oder Informationsquellen zu vermitteln, wo sich Ihre Mitarbeiter weiterhelfen lassen können. Empfehlen Sie Kunden ein günstigeres, aber genauso leistungsfähiges Produkt und schon bald sind Sie ein geschätzter Ratgeber, dem man gerne auch die Entscheidung über teurere Anschaffungen anvertraut.

Tipp für Sie als Führungskraft!

Das Autoritätsgesetz hilft Ihnen im Gespräch mit Mitarbeitern und Kunden. Berufen Sie sich auf reale oder angebliche Autoritäten und stellen Sie die Ergebnisse von wissenschaftlichen Untersuchungen zur Untermauerung Ihrer Argumente in den Raum.

Das Gesetz des Mangels: Aufgaben attraktiv erscheinen lassen

Je knapper eine Sache ist, umso teurer wird sie und umso attraktiver ist es, sie zu besitzen oder sie zu tun. Das wurde nicht nur der Besitzerin eines Schmuckladens bewusst, deren Umsatz sich vervierfachte, nachdem sie die Preise verdoppelt hatte. Schon Tom Sawyer aus der bekannten Geschichte von Mark Twain nutzte das Gesetz des Mangels. Als er von seiner Tante die eigentlich unattraktive Aufgabe bekam, einen Zaun zu streichen, überlegte er, wie er andere motivieren könnte, diese Arbeit für ihn zu übernehmen. Er erklärte, dass Zaunstreichen eine große Ehre sei, begann sogleich mit der Arbeit und verkaufte das Recht, kleine Teile des Zauns zu streichen an seine neugierig gewordenen Freunde. So gelang es ihm durch künstliche Verknappung einen Bedarf zu schaffen, den es eigentlich gar nicht gab.
In den meisten Unternehmen gibt es Aufgaben, die genauso unattraktiv sind wie das Streichen des Zaunes. Abheften, Kopieren und Statistiken auswerten gehören in vielen Unternehmen in diese Kategorie. Sicher kennen Sie aus der eigenen Erfahrung Aufgaben, bei denen Sie sich schwer tun, andere zu motivieren.

Tipp für Sie als Führungskraft!

Setzen Sie auf das Gesetz des Mangels. Sorgen Sie mit geschickten Worten und durch persönlichen Einsatz dafür, dass Tätigkeiten in der Wahrnehmung der Mitarbeiter an Attraktivität gewinnen. Heften Sie selbst eine Stunde ab, weil es eine wichtige Aufgabe für hoch qualifizierte Mitarbeiter ist. Ernennen Sie den Protokollführer zum „Dokumentationsbeauftragten" und schon fällt es viel leichter, Freiwillige zu finden und zu motivieren.

3.3 Keine Überzeugung ohne gemeinsame Wellenlänge

Nicht nur bei privaten Beziehungen, sondern auch im Berufsleben ist es wichtig, dass die „Chemie" stimmt. Doch wie findet man die gemeinsame Wellenlänge?

Seit mehreren Jahren arbeitet Tim als Supervisor für einen Sicherheitsdienst und koordiniert die Einsätze des Unternehmens zur Absicherung von Konzerten und Sportveranstaltungen. Dabei trifft er die unterschiedlichsten Menschen. Beim klassischen Konzert muss er sich auf Bankvorstände einstellen, beim Rockkonzert geht es oft handfest und lautstark zu. „Ich begegne den Menschen so, wie sie mir begegnen", erklärt er seine Strategie. „Spricht mich jemand mit „Sie" an, sieze ich ihn. Werde ich geduzt, reagiere ich genauso."

Statistiken beweisen, dass das Spiegeln von Auftreten, Worten und Verhaltensweisen empfehlenswert ist.

In Rapport gehen oder zum Spiegel werden

Die Neurolinguistische Programmierung (NLP) empfiehlt mit Gesprächspartnern in den so genannten „Rapport zu gehen", was bedeutet, ihnen so zu begegnen, wie sie uns begegnen. So kann man Gesprächspartner von Gedanken überzeugen, die sie in einer anderen Form nicht verstanden hätten.

Durch Rapport betritt man die Welt eines anderen und baut eine Brücke zu ihm.

Ziel ist die Unterstützung und Mitarbeit anderer zu erhalten und so ein gemeinsames Ziel zu erreichen. Rapport ist gekennzeichnet durch Zustimmung oder Ähnlichkeit. Ist Rapport vorhanden, schwindet der Widerstand und man baut einen tiefen Kontakt zum Unbewussten des anderen auf.

Das Verhalten des Gesprächspartners spiegeln

In Beobachtungen hat man festgestellt, dass sich Menschen, die sich gerne mögen, in ihrem Ausdrucksverhalten aneinander anpassen. Dieses Prinzip lässt sich umkehren: Durch Anpassung des Ausdrucksverhaltens an den anderen kann eine Verbindung zu ihm hergestellt werden.
Idealerweise passt man sich nicht nur in Haltung, Gestik, Atmung, Mimik und Bewegungen, sondern auch in Bezug

auf Sprachstil, Sprechtempo, Rhythmus und Tonlage an den Gesprächspartner an. Dabei muss man behutsam vorgehen, damit der andere nicht den Eindruck gewinnt, man würde ihn imitieren. Für Einsteiger empfiehlt es sich, zunächst nur ein oder zwei Merkmale zu spiegeln und sich beispielsweise an die Lautstärke und die Körperhaltung anzupassen.

Tipp für Sie als Führungskraft!

Gelingt es Rapport herzustellen, kann man nach einiger Zeit versuchen, selbst die Führung zu übernehmen und so die Richtung der Kommunikation zu verändern. Dabei muss man behutsam vorgehen, denn nur wenn der Gesprächspartner sich unbewusst darauf einlässt, kann man ihn zu einem bestimmten Ziel oder Ergebnis führen.

Auf den Punkt gebracht

Nur wenn Sie wissen, nach welchen Gesetzen sich Menschen verhalten, können Sie sie für sich einnehmen.

- Das limbische System ist der Wächter des Gehirns. Informationen, die an ihm nicht vorbeikommen, werden nicht verinnerlicht und laufen ins Leere.
- Mit Schönheit, Zauber oder Schock können Sie das limbische System überlisten und sich genau wie durch die Arbeit mit Bildern Zugang zum Langzeitgedächtnis schaffen.
- Das Revanchegesetz sorgt mit psychologischem Druck dafür, dass andere sich für Gefälligkeiten revanchieren und sich Ihnen verpflichtet fühlen.
- Wer sich einmal für etwas entschieden hat, wird durch das Konsequenzgesetz gedrängt, zu dieser Entscheidung zu stehen – selbst wenn sie falsch war.
- Verlangt man zunächst etwas sehr Weitgehendes, so kann man seine zweite Forderung umso leichter durchsetzen. Im Kontrast zur ersten Forderung erscheint die zweite dann umso akzeptabler.
- Unbewusst ist der Mensch ein Herdentier geblieben. Wer im Fernsehen Lachen hört, lacht umso lieber mit. Wenn viele loslaufen, rennen alle mit. Nutzen Sie den Herdentrieb für Ihre Argumentation.
- Wer bewusst sympathisch und attraktiv auftritt, kann andere leichter für sich einnehmen.
- Wem es gelingt, fachliche oder persönliche Autorität auszustrahlen oder sich auf Autoritäten zu beziehen, kann andere leichter überzeugen.
- Wenn Routinearbeiten positiv dargestellt werden, lassen sich Mitarbeiter für diese besser motivieren.
- Schaffen Sie eine gemeinsame Wellenlänge, indem Sie Sprache und Körperhaltung Ihres Gegenübers spiegeln.

4 Wer bin ICH?

Selbsterkenntnis ist der beste Weg zur (Ver)Besserung

4.1 Selbstbild und Fremdbild: Von den richtigen Voraussetzungen ausgehen

Jede Person wird aus ganz unterschiedlichen Blickwinkeln betrachtet und bewertet. Ganz unmittelbar wahrnehmen können wir nur unser Selbstbild. In Bezug auf unser Selbstbild beschäftigen wir uns mit Fragen wie

- Wer bin ich?
- Was kann ich?
- Was bereitet mir Freude?
- Welche Ziele verfolge ich? etc.

Das Fremdbild gewinnen andere Menschen von uns. Häufig fällt die Antwort auf die gleichen Fragen ganz unterschiedlich aus, wenn wir mehrere Menschen fragen. Versuchen Sie, eine ehrliche Einschätzung Ihrer Person von Ihrem Chef und von einem Ihrer Mitarbeiter zu bekommen, und vergleichen Sie diese mit Ihrem Selbstbild. Alternativ bitten Sie Freunde, Ihnen eine ehrliche Einschätzung zu geben. Bedenken Sie, dass es um eine ehrliche Analyse geht und der oberflächliche Austausch von Freundlichkeiten weniger hilfreich ist als ein offenes Feed-back.

> Immer wenn gravierende Unterschiede zwischen Selbst- und Fremdbild vorliegen, kommt es zu Problemen.

4.2 Psychologische Stressbewältigung

Viele Menschen sehen das Auto als ihren liebsten Besitz. Es wird gepflegt, gewartet und mit großer Liebe behandelt.

Niemand käme auf die Idee, sich in sein Auto zu setzen und das Gaspedal durchzutreten, ohne einen Gang einzulegen. Probiert man es doch, wird man aus Sorge um das geliebte Fahrzeug schnell wieder aufhören, den Motor ohne Sinn auf Hochtouren zu halten. Im Unterschied dazu setzen sich viele Menschen unnötig hohem Dauerstress aus, ohne gewissermaßen den Motor zu drosseln. Gerade Menschen in Führungspositionen können sich nicht erlauben, ständig unter Stress zu stehen, da sich dies auf die Mitarbeiter überträgt und die Arbeitsatmosphäre nachhaltig schädigt.
Ärzte haben untersucht, dass Stress unseren Körper unter Hochspannung setzt. Jedes negative Erlebnis und jede negative Wahrnehmung weckt eine Fülle von Erinnerungen. Erzählt uns der neue Mitarbeiter von seinem Autounfall oder den Beziehungsproblemen, wird die Erinnerung an eigene negative Erlebnisse wieder präsent und sorgt für Stress.

Stress leitete ursprünglich einen Fluchtimpuls ein

Stress wirkt sich nicht nur psychisch aus, sondern auch körperlich. Da Stress in der Urzeit hauptsächlich durch Bedrohungen oder die Jagd ausgelöst wurde, bereitet sich der Körper auch heute noch auf Flucht und körperliche Belastung vor und schüttet Fett und Zucker ins Blut aus. Dort bleibt es heutzutage und wird nicht wie früher durch körperliche Aktivität abgebaut, denn die Flucht auf den nächsten Baum verbietet sich bei Stress im Büro natürlich. Also setzt sich das Fett in den Adern ab. Was es dort anrichtet, zeigt die Statistik der Herzkrankheiten.

Erste Hilfe gegen Stress

Um sich selbst und andere vor unnötigem Stress zu schützen, gibt es eine Reihe von Regeln und Entspannungstechniken. Während die ersten ansetzen, bevor der Stress beginnt, helfen die zweiten einmal entstandenen Stress zu reduzieren und „wieder runterzukommen“.

Tipp für Sie als Führungskraft!

Machen Sie sich bewusst, dass im Führungsalltag mehr als 90 Prozent aller Dinge wie geplant funktionieren. Wir beschäftigen uns jedoch viel zu wenig mit diesen und halten den Erfolg oft für selbstverständlich. Bei weniger als zehn Prozent der Abläufe treten Probleme auf, denen wir 90 Prozent der Aufmerksamkeit zuwenden. Kein Wunder, dass das Berufsleben deshalb oft frustriert. Im Sinne der Stressprävention sollten Sie dieses Verhältnis umkehren. So nehmen wir wahr, wie oft wir erfolgreich sind, gewinnen mehr Zufriedenheit und schafften so Spielräume für die Bewältigung der problematischen zehn Prozent.

Den negativen Fluss unterbrechen

Beenden Sie die unproduktive Beschäftigung mit negativen Gedanken und reduzieren Sie Ihr Stresslevel. Dabei hilft der Stress-Brecher. Ähnlich wie ein Eisbrecher Schiffen den Weg freiräumt, Schäden und unnötigen Zeitaufwand verhindert, macht der Stress-Brecher den Weg frei für kreative Gedanken und hilft Ihnen bei der konstruktiven Lösung von Problemen. Wenden Sie den Stress-Brecher immer dann an, wenn Sie mit einer unangenehmen Situation konfrontiert sind, die Sie nicht ändern können. Denn falls Sie die Möglichkeit haben, etwas zu tun, statt sich zu ärgern, sollten Sie sofort alle Energie in die Änderung der Situation investieren und keine Zeit auf das Ärgern an sich verschwenden.

Unternehmensberater Martin arbeitet seit Jahren mit dem Stress-Brecher. Gerät er in eine unangenehme Situation, die er nicht ändern kann, schützt er sich so vor den negativen Folgen von Stress. Fährt ihm beispielsweise der Zug weg, weil er zu spät zum Gleis gekommen ist, macht er sich gleich auf die Suche nach sinnvollen Alternativen. So könnte er bei kurzen Strecken mit dem Taxi fahren, er könnte anrufen und den Termin verlegen, er könnte die nächste Zugverbindung auswählen und, und ... Damit ist Martin nicht nur weg von den negativen Gedanken, sondern dabei, konstruktive Lösungen zu finden. Im zweiten Schritt überlegt er dann, was er aus der Situation gelernt hat und wie er sie in Zukunft vermeiden kann. So gewinnt er positive Ratschläge für die Zukunft. Beim nächsten Mal wird Martin früher losgehen oder vorher das richtige Gleis im Internet heraussuchen, um im Bahnhof keine Zeit zu verlieren. Manchmal gelingt es sogar, in der konkreten Situation einen unerwarteten Vorteil zu entdecken. Vielleicht saß im späteren Zug ein besonders interessanter Gesprächspartner?

Genug gejammert

Für mehr Zufriedenheit sorgt es, wenn man bewusst darauf verzichtet, Arbeitskollegen und Kunden von unangenehmen Begebenheiten zu erzählen, die diese nicht ändern können. Was hat man davon, wenn man sich jeden Morgen im Büro über überfüllte Züge oder Stau auf der Autobahn beschwert und abends zu Hause über die unfreundlichen Kollegen und schlechte Arbeitsbedingungen klagt? In den meisten Fällen nichts, außer noch mehr Stress. Höchste Zeit also die Stressbremse einzulegen und sich selbst und andere nicht mit Dingen zu belasten, die man ohnehin nicht ändern kann.

Tipp für Sie als Führungskraft!

Klagen Ihnen Kollegen, Mitarbeiter oder Vorgesetzte regelmäßig ihr Leid, suchen Sie einen Weg diesen Stressfaktor freundlich, aber doch bestimmt aus der Welt zu schaffen. Zeigen Sie Verständnis, lenken Sie die Gedanken des Gesprächspartners dann aber gleich auf Lösungsmöglichkeiten, statt minutenlang zu lamentieren.

Statt in das Klagen mit einzustimmen fragen Sie besser:
„Wie werden Sie das Problem lösen?“
„Wie werden Sie damit umgehen?“
„Wie können Sie das Beste aus der Situation machen?“

Bringen Sie so das Gespräch in eine konstruktive Richtung. Sie ersparen sich damit nicht nur viel Stress und unproduktive Gespräche, sondern werden von anderen zudem als freundlicher und kooperativer Moderator wahrgenommen.

Eine bekannte Organisation führt einmal im Jahr einen dreitägigen Kongress mit mehr als 500 Teilnehmern durch. Organisiert wird das Event von ehrenamtlichen Mitarbeitern, die speziell für die Veranstaltung zusammenkommen und sich vorher lediglich zu einem Vorbereitungsseminar getroffen haben. Klar, dass bei einer Veranstaltung dieser Größe nicht alles reibungslos funktioniert. Doch statt sich bei Fehlern und Problemen zu ärgern, den Verursacher zu suchen, um ihn zur Verantwortung zu ziehen, setzt die Veranstaltungsleitung darauf, die Probleme zu lösen und lediglich systematische und immer wieder auftretende Fehler bis zu ihrer Quelle zu verfolgen. So bleibt mehr Zeit, sich um den Erfolg der Veranstaltung zu kümmern. Zugleich sind die Mitarbeiter weniger gestresst und dadurch motivierter. Da niemand versucht Fehler zu vertuschen, wird das Event von Jahr zu Jahr erfolgreicher. Die Zahl der Fehler nimmt kontinuierlich ab.

Bewusst agieren, statt reflexhaft zu reagieren

Viele Menschen sagen in sehr emotionalen Phasen wenig durchdachte Dinge und bringen sich und andere in unangenehme Situationen. Um das zu vermeiden, sollten Sie ihren eigenen Gefühlszustand im Blick behalten und sich bremsen, wenn Sie zu sehr in Fahrt geraten. Einmal gesprochene Worte kann man nicht mehr zurücknehmen.

Tipp für Sie als Führungskraft!

Versuchen Sie Abstand von Ihren Emotionen zu gewinnen, bevor Sie spontan etwas Unüberlegtes sagen. Atmen Sie einige Male ruhig durch und versuchen Sie die Tragweite der Situation zu erfassen, bevor Sie etwas sagen.

Auch durch ein besseres Zeitmanagement und das bewusste Einräumen von Freiräumen kann man sein Stresslevel senken. Mit etwas weniger Anspruch an die eigene Perfektion und der bewussten Festlegung von Prioritäten vermeidet man Stress und Überlastung.
Schon vor langer Zeit haben Wissenschaftler dies mit der „80:20-Regel" erklärt: In 20 Prozent der Zeit erzielen wir 80 Prozent der Resultate. In 80 Prozent der Zeit erzielen wir lediglich 20 Prozent der Resultate.
Mit Gelassenheit, Ruhe und den richtigen Prioritäten gelingt häufig mehr als unter ständigem Druck.

Jeder ist seines Glückes Schmied

Erfolg beruht auf einer Reihe von Faktoren. Die meisten davon können Sie zumindest mittelfristig verändern.

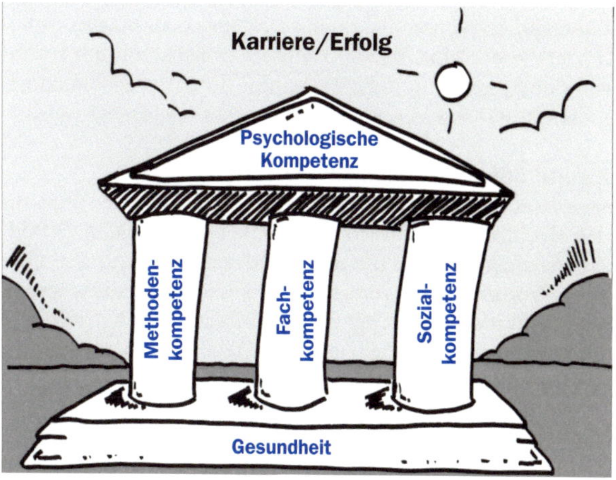

Die Säulen des Erfolgs

Basis für den Erfolg ist Ihre Gesundheit. Achten Sie darauf, diese zu pflegen und sich nicht übermäßig zu belasten. Das

gilt sowohl für den beruflichen Bereich als auch für den privaten. Wenn Sie drei Wochen lang pro Tag zehn Stunden arbeiten, werden Ihre Kreativität und letztlich auch die Qualität Ihrer Arbeit nachlassen. Fehlt Ihnen der Ausgleich, kann es sogar sein, dass Sie körperlich krank werden und sich damit die Chance auf weiteren beruflichen Erfolg verbauen.
Drei Säulen setzen auf dem Fundament Gesundheit auf und zeigen durch ihre Ausprägung Ihre individuellen Stärken und Schwächen. Nur wenn alle Säulen stark genug sind, Ihre Karriere zu tragen, können Sie wirklich erfolgreich sein.

Erste Säule: Methodenkompetenz

Über Methodenkompetenz zu verfügen bedeutet zu wissen, wie man sein Fachwissen umsetzt, einsetzt und präsentiert. Rhetorik, Moderation, Computerkenntnisse, aber auch die Fähigkeit zu recherchieren und strategisch zu planen, gehören zu dieser Säule. Diese Kompetenz wächst mit der Erfahrung und kann durch die Teilnahme an entsprechenden Seminaren und das Lesen von Fachbüchern gefördert werden.

Zweite Säule: Fachkompetenz

Jede Branche erfordert ganz spezielles Fachwissen. Was für den Rechtsanwalt Informationen über die neuesten Grundsatzurteile sind, sind für den Handwerker Kenntnisse über neue Produkte und Verfahren. Die alleinige Fokussierung auf Fachkompetenz sorgt dafür, dass sich viele Karrieren in einer Branche abspielen und der Wechsel außerordentlich schwierig ist.

Dritte Säule: Sozialkompetenz

Bei allem, was wir tun, haben wir mit Menschen zu tun. Ob als Vorgesetzte, Kollegen, Mitarbeiter oder Kunden: Gelingt es uns nicht, mit diesen in einen Dialog zu kommen und Netzwerke aufzubauen, haben wir keinen Erfolg. Die Fähigkeit und auch das Interesse, mit offenen Augen durch die

Welt zu gehen und Kontakte zu pflegen, wird immer wichtiger.

Das Dach: Die psychologische Kompetenz
Gewissermaßen als Dach über diesen drei Säulen spannt sich die psychologische Kompetenz. Nur wer in der Lage ist, seine Stimmungen zu steuern, im Umgang mit anderen Menschen zu erkennen, wie man diese für die eigenen Ideen begeistert, und wem es gelingt, sich selbst vor Manipulationen zu schützen, der kann seine Kompetenzen erfolgreich einsetzen.

4.3 Wie geht's? Alles im „Flow"?

Kennen Sie das? Sie warten auf den Anruf eines wichtigen Kunden. Minuten werden zu Stunden. Sie schauen immer wieder auf die Uhr und stellen doch fest, dass erst wenige Minuten vergangen sind. An einem anderen Tag haben Sie dagegen von morgens bis abends an spannenden Aufgaben gearbeitet und fast unmerklich ist die Zeit vergangen.
Dann sind Sie auf dem besten Weg, den Flow kennen zu lernen. Immer dann, wenn wir von einer Tätigkeit so eingenommen sind, dass wir die Welt um uns herum vergessen, befinden wir uns im Flow. Je nach Person tritt der Flow beim konzentrierten Nachdenken (z.B. Schach), beim Sport (z.B. Freeclimbing) oder auch bei der Arbeit ein. Wesentlich dafür ist, dass sich die Aufmerksamkeit auf eine Tätigkeit fokussiert und man sich selbst gegen jegliche Ablenkungen abschirmt. Schnell sind dann zwei oder drei Stunden vergangen, ohne dass man es überhaupt gemerkt hat. Flow ist eine uneingeschränkt positive Erfahrung und sorgt nicht nur für ein gutes Gefühl, sondern auch für überragende Arbeitsergebnisse. Mit spielerischer Leichtigkeit werden selbst größte Anstrengungen gemeistert.
Möglich wird Flow nur, wenn Fähigkeiten und Leistungsanforderung in Einklang miteinander stehen und sich beide

auf einem hohen Level befinden. Wäre die Anforderung zu hoch, würde sich statt Flows Angst einstellen, wäre sie zu niedrig, würde Langeweile eintreten.

Fähigkeit / Anforderung	gering	hoch
gering	Routine	Langeweile
hoch	Versagensangst	FLOW

Tipp für Sie als Führungskraft!

Ermöglichen Sie sich selbst und Ihren Mitarbeitern möglichst viele Flow-Erlebnisse. So steigern Sie nicht nur die Leistungsfähigkeit, sondern auch die Zufriedenheit.

4.4 Sind Sie glücklich? Glück in der Psychologie

Das Wort „Glück“ wird von dem mittelniederdeutschen Wort „Gelucke“ abgeleitet und bedeutet im weitesten Sinne, dass etwas gelungen ist. Psychologen definieren Glück unter anderem als die Empfindung der absoluten Harmonie unseres Bewusstseins. Möglichkeiten zum Erreichen eines Glückszustandes sind zum Beispiel

- ein positives Selbstwertgefühl,
- gelungene soziale Integration,
- eine erfüllte sexuelle Beziehung,
- materielle und ideelle Ziele zu erreichen,
- emotionales Gleichgewicht.

Weshalb nur Optimisten geküsst werden

Optimismus und Glück erinnern an sich selbst erfüllende Prophezeiungen. Glaubt man nicht daran, dass das Gute und Positive möglich ist, so wird es in den meisten Fällen auch nicht eintreten.

Zwei Männer machen sich auf den Weg zu einer Party. Der eine ist selbstbewusst und glaubt daran, dass er gute Chancen beim weiblichen Geschlecht hat. Deshalb macht er sich besonders schön, lächelt beim Betreten des Raumes über das ganze Gesicht und fängt schon in den ersten Minuten Gespräche mit zahlreichen Partybesucherinnen an. Ganz anders sein Freund. Der ist unsicher, hat Sorge, er könnte enttäuscht werden, und glaubt nicht an seine Wirkung auf Frauen. Entsprechend zurückhaltend verhält er sich. Befangen nippt er an seinem Cocktail und wundert sich nicht, dass er bis zum Ende des Abends mit niemandem ins Gespräch kommt. Ganz anders sein Freund: auch der hat nicht die Frau fürs Leben getroffen, aber immerhin zwei Verabredungen für das nächste Wochenende.

Ohne Zweifel hängen die Wirkung und der Erfolg von Menschen auch von ihrer inneren Einstellung ab. Wer nicht an sich, seine Fähigkeiten und seine Produkte glaubt, hat es schwer, andere von diesen zu überzeugen. Wie soll jemand anders eine Person attraktiv finden, die selbst nicht daran glaubt? Empirische Studien zeigen eindeutig, dass Optimismus die Verkaufszahlen bei Vertriebsmitarbeitern steigert. Auch im Privatleben sorgt Optimismus für befriedigende soziale Beziehungen.

Tipp für Sie als Führungskraft!

Glauben Sie an sich selbst und Ihre Stärken. Je überzeugter Sie selbst von sich sind, umso leichter fällt es Ihnen, Mitarbeiter zu begeistern und von Ihren Vorstellungen zu überzeugen.

Auf den Punkt gebracht

- Selbstbild und Fremdbild können sich stark unterscheiden. Um Ihre Wirkung auf andere zu erkennen und zu verbessern gleichen Sie beide Bilder ab.
- Stress ist ungesund. Mithilfe des Stress-Brechers gewinnen Sie Abstand, arbeiten an konstruktiven Lösungen und zeigen dem Stress die rote Karte.
- In 20 Prozent der Zeit erreicht man 80 Prozent der Resultate. Die restlichen 80 Prozent arbeitet man an den fehlenden 20 Prozent. Entscheiden Sie bewusst, wie Sie Ihre Energie einsetzen.
- Achten Sie auf Ihre Gesundheit. Bauen Sie durch Überbelastung körperlich ab, zerstören Sie dadurch nicht nur die Grundlage für Ihre berufliche Karriere.
- Erweitern Sie Ihre Methodenkompetenz. Schulen Sie Ihr Wissen in Seminaren und machen Sie sich fit in Themen wie Rhetorik, Moderation und strategischer Planung.
- Bleiben Sie auf dem Laufenden. Nur wenn Sie Ihre Fachkompetenz stets auf dem neuesten Stand halten, sind Sie auch in Zukunft ein gefragter Fachmann.
- Fach- und Methodenkompetenz alleine genügen heutzutage nicht. Vor dem Hintergrund immer komplexerer Beziehungsgeflechte zeichnen sich gerade erfolgreiche Führungskräfte durch hohe Sozialkompetenz aus.
- Übernehmen Sie die Kontrolle über sich selbst. Wenn Sie Ihre Stimmungen im Griff haben und sich vor Manipulationen schützen, steigen die Karrierechancen.
- Kommen eine hohe Anforderung und eine hohe Kompetenz zusammen, geraten viele Menschen in den „Flow“. In diesem Zustand geht die Arbeit schneller und besser von der Hand.
- Ohne Optimismus haben Sie nur halb so viel Glück. Glauben Sie an Ihre Stärken und blicken Sie mit Freude in die Zukunft, um Ihr Glück nicht zu verpassen.

5 Wer bist DU?

Psychologische Menschen(er)kenntnis

Psychologie ist der Werkzeugkasten erfolgreicher Führungskräfte. Sie hilft Ihnen, menschliches Verhalten zu erklären, und unterstützt Sie dabei, hinter Fassaden zu schauen. Denken Sie dabei daran, dass immer mehr Menschen sich aktiv mit der Psychologie beschäftigen und dadurch in der Lage sind, Sie bewusst zu manipulieren. Umso wichtiger ist es, selbst gut geschult zu sein, denn so offenbart Ihnen selbst der beste Schauspieler seinen wahren Charakter.

5.1 Bilder und Motive

Um Menschen zu verstehen, ist es notwendig, sich klar zu machen, wonach sie streben und was ihnen wichtig ist. Gelingt es herauszufinden, welche Bilder und Zielvorstellungen im Kopf eines Menschen vorherrschen, so kann man ihm dabei helfen, den Zielen ein Stück weit näher zu kommen. So gewinnt man Mitstreiter, die einem dabei helfen, selbst erfolgreich und zufrieden zu sein.

Die Yacht im Kopf

Kenntnisse über Bilder und Ziele im Kopf von Mitarbeitern und Kunden sind der Schlüssel zu deren Loyalität und Kooperationsbereitschaft.

Gotthard spart seit 20 Jahren auf sein großes Ziel. Eine eigene Segelyacht ist sein großer Traum. Doch eine Yacht ist teuer. Um seinem Traum näher zu kommen, ist Gotthard zu jedem Einsatz bereit, solange er sich finanziell auszahlt.
Ganz anders Jenny. Sie möchte hier und heute leben und wünscht sich Zeit für sich, ihre Freunde und ihre Familie. Ger-

ne würde sie ein paar Stunden weniger arbeiten und die entsprechende Gehaltseinbuße mit Freuden hinnehmen.

Stellen Sie sich vor, Gotthard und Jenny wären Ihre Mitarbeiter und Sie würden mit der Bitte an sie herantreten, ihre Wochenarbeitszeit zu erhöhen, damit ein dringender Kundenauftrag fristgerecht fertig gestellt werden kann. Sicherlich werden Sie vor dem Hintergrund der unterschiedlichen Ansprüche auch völlig unterschiedliche Reaktionen erleben. Sind Sie über die Wunschvorstellungen der beiden informiert, können Sie eine Lösung finden, die beiden Ansprüchen gerecht wird.

Die Bilder im Kopf werden von fünf ganz verschiedenen Grundmotiven geprägt.

Fünf Grundmotive

Verantwortung und Unabhängigkeit

Wer durch Verantwortung und Unabhängigkeit motiviert ist, wünscht sich für sich selbst und andere die Möglichkeit, etwas in Bewegung zu setzen. Äußere Zwänge, Einschränkungen und Misstrauen sind diesen Personen ein Graus. Derart motivierte Personen brauchen die Möglichkeit, sich in einem Bereich eigenverantwortlich engagieren zu können, und erzielen auf diese Weise die besten Ergebnisse.

Sicherheit

Wer nach Sicherheit strebt, scheut sich vor Veränderung und Risiko und möchte am liebsten alles so machen, wie es sich bewährt hat. Reformen und neue Ideen nehmen Menschen, die sich Sicherheit wünschen, als Bedrohung wahr. Am besten aufgehoben sind sie in Bereichen, in denen alles seinen geordneten Gang geht und keine Notwendigkeit für Änderungen besteht. Möchte man sie bei Innovationen mit ins Boot holen, braucht man sehr viel Überzeugungskraft und muss erklären, warum diese risikofrei sind.

Soziale Anerkennung
Wer sich soziale Anerkennung wünscht, steht gerne im Mittelpunkt und möchte den Ton angeben. Zugleich ist er für jeden Trend zu begeistern und schwimmt auf jeder Welle ganz vorne mit. Die Aussicht auf Prestige und etwas Neues motiviert diese Person fast von alleine.

Vertrauen
Persönliche Beziehungen haben für einen nach Vertrauen strebenden Menschen höchste Priorität. Er kümmert sich gerne um andere und möchte niemandem wehtun. Was im privaten Umfeld sehr wertvoll ist, führt am Arbeitsplatz oft dazu, dass die Person ausgenutzt und von anderen zur Seite gedrängt wird. Motiviert wird sie durch gutes Teamklima und eine harmonische Atmosphäre.

Disziplin und Selbstachtung
Einmal aufgestellte Regeln haben höchste Priorität, selbst wenn sie ihren Sinn schon lange verloren haben. Wer auf Disziplin setzt, kommt jeden Tag pünktlich, diskutiert beim Corporate Design den letzten Millimeter und hat kein Verständnis, wenn andere diese Fragen lockerer sehen. In Bereichen, in denen es auf formale Korrektheit ankommt, findet diese Person ihre Erfüllung.

Übung: Was willst du wirklich?
Um das Bild im eigenen Kopf zu verstehen, stellt man sich die Frage: *„Was willst du wirklich erreichen?“* Meist bringt einen die erste Antwort noch nicht zum Ziel. Untersuchungen zeigen, dass viele Menschen antworten: *„Viel Geld verdienen.“*
Doch Geld ist nicht das grundlegende Bild im Kopf. Vielmehr ist Geld nur Mittel zum Zweck. Also fragt man weiter: *„Was willst du wirklich?“* Diese Frage stellt man so lange, bis man an einer Stelle angelangt ist, die einem Klarheit über das eigene Bild gibt.

Tipp für Sie als Führungskraft!

Nutzen Sie jede sich Ihnen bietende Gelegenheit zu Kontakt und Austausch mit Ihren Mitarbeitern (auch auf informeller Ebene), ohne dabei den Anschein von Anbiederei zu erwecken. Je besser Sie über die Wünsche und Vorstellungen Ihrer Mitarbeiter informiert sind, umso wirkungsvoller können Sie sie beinflussen und in Ihrem Sinne lenken.

5.2 Der Umgang mit unterschiedlichen Charaktertypen

Es gibt zwei grundverschiedene Annahmen über den Menschen. Die eine besagt, dass Menschen generell faul und schlecht sind. Die andere geht vom Gegenteil aus und beinhaltet, dass Menschen positiv und leistungsbereit sind. Die Wahrheit liegt wie so oft irgendwo in der Mitte und hängt von der Einzelperson ab.

> Die erfolgreichsten Führungskräfte behandeln jeden Menschen als individuelle Einzelperson.

Häufig ist es für einen ersten Überblick hilfreich, sich bewusst zu machen, dass die Menschen in einer Organisation völlig verschiedene Rollen einnehmen.

Ihre Mitarbeiter

Für Ihre Mitarbeiter sind Sie der Vorgesetzte und repräsentieren damit „das Unternehmen". Sie fordern Leistung, nehmen Einfluss auf Beförderungen und Kündigungen und kontrollieren Ihr Team. Damit Sie erfolgreich sind, müssen Sie auf die Leistung Ihrer Mitarbeiter setzen. Ein als Einzelkämpfer agierender Chef ist auf Dauer nicht erfolgreich.
Finden Sie heraus, welche Stärken und Interessen Ihre Mitarbeiter haben, und setzen Sie jeden Mitarbeiter so ein, dass

er die Aufgaben bearbcitet, die ihm am besten gelingen und am meisten Freude machen. So erreichen Sie die besten Resultate. Aufgaben, die niemandem Freude machen, sollten gerecht auf alle Mitarbeiter verteilt werden. Jede Form der Ungerechtigkeit sorgt für Demotivation und muss vermieden werden.
Versuchen Sie nicht, alle Mitarbeiter nach demselben System zu behandeln, da jeder Mensch verschieden ist. Arbeitet ein Mitarbeiter schneller, sollte das nicht mit zusätzlicher Arbeit bestraft, sondern mit anspruchsvolleren Aufgaben belohnt werden.

Ihre Kollegen

Kollegen sind Mitstreiter und Wettbewerber zugleich. Ein gutes Verhältnis zu den Kollegen sorgt für ein angenehmes Betriebsklima und hilft dabei, Unterstützung für die Umsetzung der eigenen Ideen zu gewinnen. Doch häufig endet die Freundschaft, wenn es um Beförderungen und einen guten Eindruck beim Chef geht. Dann rückt das Eigeninteresse in den Mittelpunkt und die anderen werden als Rivalen empfunden. Viele Mitarbeiter versuchen in dieser Situation zu beweisen, dass sie besser sind als die anderen, um sich so in ein besseres Licht zu rücken. Entgegenwirken können Sie hier, indem Sie Ihre Kollegen durch Gefälligkeiten, Freundlichkeit und Empathie auf Ihre Seite bringen.

Ihr Chef

Viele Mitarbeiter ärgern sich über ihren Chef und klagen über sein mangelndes Verständnis und seine geringen Fähigkeiten. Wäre man selbst Chef, würde man alles anders und vieles besser machen. Doch wer auf der Karriereleiter aufsteigen möchte, kommt an seinem Chef nur selten vorbei. Deshalb gilt es sein Wohlwollen zu gewinnen und ihn durch herausragende Arbeitsleistung zu überzeugen. Wie das gelingt ist davon abhängig, wie Ihr Chef denkt und arbeitet.

Der konservative Chef

Der konservative Chef macht alles, wie man es immer schon gemacht hat. Möchten Sie bei ihm gut ankommen, verzichten Sie auf zu radikale Reformgedanken, denn die würden ihn aus der Ruhe bringen. Der konservative Chef liebt seine Sicherheit und ist überzeugt davon, dass jeder Versuch, etwas zu ändern, seine Autorität untergräbt. So lange das Unternehmen erfolgreich ist, wird der konservative Chef in seiner Denkweise bestärkt und lässt sich weder durch gute Worte noch durch Argumente beeinflussen. Beeindrucken können Sie ihn, wenn Sie in der gleichen Zeit mehr Arbeitsergebnisse produzieren, ohne dabei an den Grundpfeilern seiner Überzeugung zu wackeln.

Der innovative Chef

Der innovative Chef liebt Neuheiten. In seinem Büro steht der neueste Flachbildschirm, während er über die DSL-Leitung die neuesten Outfits aus Japan betrachtet. Sein Team ist jung, hoch motiviert und immer auf der Jagd nach der Möglichkeit, die Dinge besser oder doch zumindest anders zu machen. Beeindrucken können Sie den innovativen Chef, wenn Sie auf der Innovationswelle mitschwimmen. Halten Sie sich in Ihrem Fachgebiet auf dem Laufenden und begeistern Sie ihn für Ihre Ideen. *„Geht nicht“* gibt es bei diesem Chef nicht.

Der gestresste Chef

Der gestresste Chef ist ständig genervt. Die Kunden, die Mitarbeiter, die Frau: niemand kann es ihm recht machen. Da alle das schon wissen, versucht es nach einiger Zeit auch niemand mehr, was den Stressfaktor weiter erhöht. Der entlädt sich regelmäßig in cholerischen Ausbrüchen und führt nicht selten dazu, dass ein gerade verfügbarer Mitarbeiter zum Stressabbau selbst für kleine Fehler „rund gemacht“ wird. Timing ist alles. Gewinnen Sie den Chef an ruhigen Tagen für sich und ziehen Sie an stürmischen Tagen den Kopf ein.

Der übermotivierte Chef

Der übermotivierte Chef kennt nur seine Arbeit. Die Blumen zu Hause sind vertrocknet, der Hund bellt schon lange nicht mehr und die Beziehung ist im Eimer. Dafür findet er im Büro immer noch etwas zu tun. Feierabend ist für ihn ein Schimpfwort. Da schieben selbst unterbezahlte Praktikanten Zehnstundentage. Falls Sie Beziehung, Hund und Blumen behalten möchten, sieht es schlecht aus. Möchten Sie sich von allem trennen, werden Sie gemeinsam viel Freude haben und sicher auch einiges erreichen, denn in zwölf Stunden am Tag schafft man etwas mehr als andere in neun.

Der motivierte Chef

Der motivierte Chef bringt Leben und Arbeit in Balance und wünscht sich das auch von seinen Mitarbeitern. Er ist mit Freude bei der Sache und für gute Ideen aufgeschlossen. Eingefahrene Muster und formale Regelungen schätzt er weitaus weniger als Ideen und Begeisterung. Der motivierte Chef weiß, wofür er seine Mitarbeiter hat, und konzentriert sich auf seine originären Aufgaben. Dinge, die er nicht beherrscht, überlässt er den dafür zuständigen Experten und freut sich über die überdurchschnittlichen Resultate.

5.3 Die fünf psychologischen Wahrnehmungstypen

Menschen nehmen ihre Umwelt mit allen fünf Sinnen wahr. Doch während der eine an einem schönen Herbsttag zunächst das Rauschen der Blätter im Wind wahrnimmt, fällt dem anderen als Erstes der leichte Windzug auf der Haut auf. Jeder Mensch nutzt seine fünf Sinneskanäle mit unterschiedlichem Schwerpunkt und gehört damit zu einem unterschiedlichen Repräsentationssystem.

> Treffen Menschen mit unterschiedlichen Repräsentationssystemen aufeinander, kann es zu Missverständnissen kommen.

Die Typologie der Repräsentationssysteme

Eine gemeinsame Wellenlänge finden

Menschen mit unterschiedlichem Repräsentationssystem leben in ganz verschiedenen Vorstellungswelten und haben Schwierigkeiten, eine gemeinsame Wellenlänge zu finden. Das gilt nicht nur für das gesprochene Wort, sondern auch für die Bereitschaft sich überzeugen zu lassen.

Möchten Sie einen visuell orientierten Mitarbeiter von etwas überzeugen, so sollten Sie mit Charts und Diagrammen arbeiten und lieber eine Grafik zu viel als eine zu wenig auflegen. Beim kinästhetischen Typ bringen Sie am besten ein Modell oder das Produkt selbst mit, damit Ihr Mitarbeiter es „begreifen" kann.

Es gibt ein einfaches System, um zu erkennen, wer seine Wahrnehmung besonders auf einen der fünf Sinne ausrichtet.

> Achten Sie darauf, ob eine Person besonders häufig Formulierungen verwendet, die mit einem der fünf Sinne verbunden sind.

Mithilfe einer inneren Strichliste wissen Sie schon nach wenigen Minuten, wie Sie Missverständnisse vermeiden können.

Gehen Sie in drei Schritten vor:
- Erkennen Sie möglichst schnell, zu welchem Sinn Ihr Gesprächspartner tendiert.
- Passen Sie Ihre Sprache an die Vorstellungswelt des Gegenübers an.
- Passen Sie Unterlagen und Präsentation an die Vorstellungswelt des Gegenübers an.

Repräsentationstyp	**sprachliche Anzeichen**
visuell: Sehen	*„sich ein Bild machen“* *„einen Blick darauf werfen“* *„ein Auge riskieren“* *„etwas ist sonnenklar“* *„alles schwarz malen“* *„Durchblick bekommen“* *„wie Schuppen von den Augen fallen“*
auditiv: Hören	*„etwas klingt gut“* *„Musik in den Ohren“* *„etwas ausposaunen“* *„mit Pauken und Trompeten“* *„böse Zungen behaupten“* *„auf die innere Stimme hören“* *„die leisen Töne beachten“*
kinästhetisch: Berühren/ Fühlen	*„ein gutes Gefühl haben“* *„aus dem Weg räumen“* *„sich gut anfühlen“* *„etwas in den Griff bekommen“* *„kalte Füße bekommen“* *„einen Kloß im Hals haben“* *„der Schuh drückt“*
olfaktorisch: Riechen	*„eine Sache stinkt“* *„etwas erstmal beschnuppern müssen“* *„ein Näschen nehmen“* *„irgendwo reinriechen“* *„die Nase vorn haben“* *„den Wind um die Nase wehen lassen“* *„nichts anbrennen lassen“*
gustatorisch: Schmecken	*„das schmeckt mir nicht“* *„einen faden Beigeschmack haben“* *„ein echter Leckerbissen“* *„bitterer Nachgeschmack“* *„die Suppe versalzen“* *„etwas satt haben“*

Die Augen verraten den Typ

Wenn Sie den Wahrnehmungstyp eines Menschen feststellen möchten, schauen Sie ihm tief in die Augen. Bewegen sich die Augen einer Person beim Nachdenken häufig in dieselbe Richtung, so kann dies ein Hinweis auf sein Repräsentationssystem sein. Dabei wird unterschieden zwischen dem Abruf von Informationen aus der Erinnerung und der Neukonstruktion von Gedanken. Achten Sie darauf, wohin sich die Augen bewegen, wenn Ihr Gesprächspartner nachdenkt, und Sie bekommen erste Hinweise darauf. Allerdings ist die Augenbewegung weitaus komplizierter zu beobachten als die Sprache.

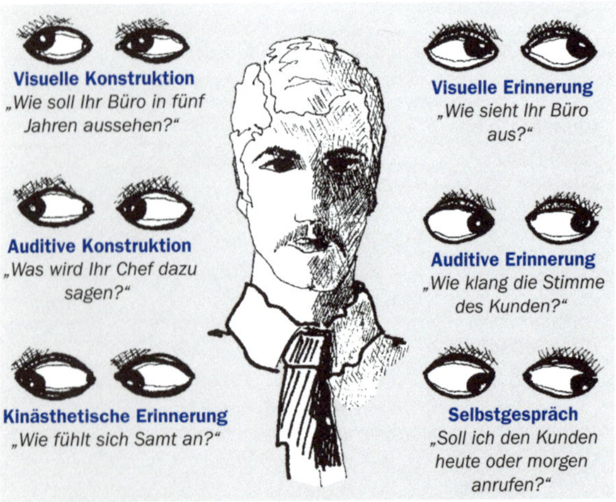

Die Bewegung der Augen verrät den Wahrnehmungstyp

Schaut jemand sowohl bei der Konstruktion von Gedanken als auch bei der Erinnerung relativ geradeaus, so kann man davon ausgehen, dass sein Zugang zu allen Repräsentationssystemen gleich gut ausgeprägt ist.

5.4. „Lügendetektor“ Körpersprache

Mit einer gewissen Schulung bekommen die meisten Menschen ihre verbalen Äußerungen sehr gut in den Griff und können so verhindern, dass man sie durchschaut. Weitaus schwieriger ist es, die Körpersprache unter Kontrolle zu bringen. Deshalb hilft uns diese bei der Analyse anderer Menschen und verrät gelegentlich sogar, was andere Menschen denken und nicht aussprechen.
Wissenschafter haben untersucht, dass kleine Kinder die Hand vor den Mund halten, wenn sie eine Lüge aussprechen. Erwachsene führen die gleiche Geste aus, sind dabei jedoch zurückhaltender und führen oft nur einen Finger in den Mundbereich.
Manchmal hilft auch die Biologie beim Aufdecken von Lügen. So hat man untersucht, dass vielen Menschen die Nase juckt, wenn sie die Unwahrheit sagen. Grund dafür sind chemische Wirkstoffe, die beim Lügen freigesetzt werden und die Nasenschleimhaut anschwellen lassen. Viele Zuschauer hatten deshalb Schwierigkeiten Bill Clinton zu glauben, als er sich im Fernsehen zu seiner Beziehung zu Monika Lewinsky äußerte und sich dabei die Nase rieb.
Analysen zur Körpersprache füllen ganze Bücher. Einig sind sich die meisten Autoren bei der Interpretation der folgenden körpersprachlichen Signale.

Die Hände

Wer im Mittelalter die Hände hinter dem Rücken verbarg, der war verdächtig. Bestand doch die Chance, dass er ein Schwert oder eine andere Waffe bei sich hatte.
Auch heute kann man an der Haltung der Hände viele Informationen ablesen. Versteckt beispielsweise jemand die Hände beim Sprechen in den Taschen, so steigt die Chance, dass er lügt. Betrachten wir einen Menschen, der seine Hände zu Fäusten ballt, während er spricht, so spricht das für nicht geäußerte Aggressionen. Hält ein Gesprächspartner

die Hände mit den Handflächen nach oben und streckt er die Finger aus, so zeugt dies von Offenheit und Ehrlichkeit.

Die Füße

Auch an der Stellung der Füße kann man einiges erkennen. Stehen beide Füße nebeneinander fest auf dem Boden, ist der Gesprächspartner offen und ausgeglichen. Schlägt jemand beide Füße übereinander, so ist dies ein Zeichen von Unsicherheit. Die Person hält sich sozusagen an ihren eigenen Füßen fest, um die Unsicherheit zu überspielen. Kann jemand seine Füße nicht ruhig halten und still stehen, ist die Interpretation eindeutig: In Gedanken ist die Person auf der Flucht, weil sie sich nicht wohl fühlt oder Langeweile hat.

Die Arme

Wer beide Arme vor dem eigenen Körper verschränkt, macht sich damit nicht nur kleiner als er ist, sondern zeigt damit Verschlossenheit und Unsicherheit. Liegen beide Arme hingegen hinter dem Rücken, ist dies ein Zeichen von Selbstsicherheit. „Ich bin so bedeutend, dass mich niemand angreifen wird und ich mich nicht verteidigen brauche", signalisiert diese Haltung.

Allerdings muss man bei der Interpretation der Körpersprache bewusst auf den ganzen Menschen und auch die Situation achten, um zu einem stimmigen Ergebnis zu kommen. So können verschränkte Arme bei einer Person, die im Winter an einer verschneiten Bushaltestelle wartet, eher ein Hinweis darauf sein, dass derjenige friert als darauf, dass er wegen mangelndem Selbstbewusstsein eine Abwehrhaltung einnimmt.

Die beste Einschätzung der Körpersprache wird möglich, wenn man eine Person bereits einige Zeit kennt und sich auf diese eingestellt hat. Diesen Vorgang nennt man Kalibrieren. Dabei gewinnt man Referenzwerte für das Erscheinungsbild und das Auftreten der Person. Mit diesen kann man die aktuelle Situation vergleichen und weiß so ziemlich sicher, in welcher Gefühlslage sich das Gegenüber gerade befindet.

5.5 Geldbörse und Schreibtisch als Spiegel der Seele

Alfred Gebert, Wirtschaftspsychologe an der Fachhochschule des Bundes in Münster, hat Geldbörsen untersucht und darauf aufbauend sechs Persönlichkeitstypen ermittelt, die er am Portmonee erkennen kann. Ein kommunikatives, konservatives Organisationstalent erkennt Gebert z.B. an einer teuren aber schlichten Lederbörse, die Bargeld, Führerschein, Kreditkarten und Fotos enthält. Wer dagegen alte Bons und Kundenkarten sammelt, gilt als unbeschwerter Genießer. In sieben von zehn Fällen gelingt dem Professor eine korrekte Einordnung anhand der Geldbörse.
Ähnliche Untersuchungen versuchen anhand des Schreibtisches, des Autos oder der Ordnerstruktur im Computer auf die Person zu schließen und erzielen damit Erfolge. Dennoch bleibt immer eine gewisse Unschärfe.
So gibt es Chaoten, die auf den Zustand ihres Schreibtisches keinen Wert legen, aber wichtige Arbeiten in absoluter Perfektion erbringen.

Tipp für Sie als Führungskraft!

Lernen Sie Ihre Mitarbeiter ganz bewusst kennen. Achten Sie auf Sprechweise und Körpersprache und beziehen auch das Umfeld mit ein.
Ist Herr Schmidt eher chaotisch organisiert oder deuten die hohen Stapel auf seinem Schreibtisch auf eine Überlastung oder Überforderung hin?

5.6 Bewerberauswahl

Viele Großunternehmen sind dazu übergegangen, bei der Bewerberauswahl nicht nur auf die fachliche Qualifikation, sondern auch auf soziale und psychologische Faktoren zu achten. Hier ist insbesondere die „Emotionale Intelligenz" von Bedeutung. Der Begriff beschreibt eine Art von geistiger Fähigkeit, sich erfolgreich in der Gesellschaft zu bewähren. Diese hat nichts zu tun mit Fleiß, Intelligenz oder Fachwissen.

Zu Beginn eines Vorstellungsgesprächs fragt der Geschäftsführer eines Beratungsunternehmens stets das Gleiche: *„Warum haben Sie sich auf genau diesen Platz gesetzt?"* will er von dem Bewerber wissen. Interessant für den Geschäftsführer ist weniger der Inhalt der Antwort, sondern die Reaktion des Bewerbers. Wie schnell überwindet dieser den Schreck über die unerwartete Frage? Gelingt es ihm, die Situation durch eine schlagfertige Antwort zu entschärfen? Oder verwahrt er sich gar gegen die „unsinnige" Frage? Wer an dieser Stelle nichts sagt oder ein gestammeltes *„Weiß nicht"* herauspresst, darf sich keine Hoffnung auf die Stelle machen.

Wer solche Situationen souverän meistert, zeigt damit eine spezifische Form von Intelligenz, die über den rein rationalen „IQ" hinausgeht.

Merkmale der emotionalen Intelligenz

- **Selbstbewusstheit**
  Sie kennen Ihre Wirkung auf andere, weil Sie die Fähigkeit zur Reflexion der eigenen Stimmungen, Emotionen und Interessen haben.

- **Selbststeuerung**
  Sie haben Ihre Gefühle im Griff und kontrollieren Ihre Triebkräfte. Deshalb können Sie strategisch und planvoll handeln.

- **Motivation**
  Sie können sich selbst und andere begeistern und ohne äußere Impulse wie Geld, Belohnungen oder die Androhung von Strafen motivieren.
- **Empathie**
  Sie können sich in andere hineinversetzen und erkennen deren Befindlichkeiten. Daran richten Sie Ihr Handeln aus.
- **Soziale Kompetenz**
  Sie lieben Menschen und schätzen vielseitige Kontakte. Durch Ihre sympathische Erscheinung und ein gutes Beziehungsmanagement sind Sie anerkannt und beliebt.

Viele Unternehmen setzen auf schriftliche Tests und lassen die Kandidaten Sinn in Farbklecksen suchen. Manche gehen noch weiter und lassen ihre Assessment-Center den ganzen Tag von Psychologen begleiten, die begutachten, wie sich die einzelnen Kandidaten in die Gruppe einfügen, wie durchsetzungsfähig sie sind und wie hoch ihre emotionale Intelligenz (EQ) ist.

Auf den Punkt gebracht

- Wer im Führungsalltag auf Psychologie setzt, sollte wissen, was im Kopf seiner Gesprächspartner vorgeht. Arbeiten Sie mit allen Sinnen daran.
- Jeder Mensch geht anders mit Informationen um. Um eine gemeinsame Gesprächsgrundlage zu gewinnen, gleichen Sie Ihre Wahrnehmungen ab.
- Das Bild im Kopf ist Motiv und stärkster Antrieb der Menschen. Um ihrem Ziel näher zu kommen, sind die meisten Menschen zu fast allem bereit.
- Menschen sind unterschiedlich motiviert. Wer auf Sicherheit setzt, hat andere Prioritäten als ein nach Anerkennung oder Unabhängigkeit strebender Mensch.
- Um bei Ihrem Chef erfolgreich zu sein, lernen Sie die Bilder in seinem Kopf kennen. Diese weisen Ihnen den Weg zum optimalen Umgang mit Ihrem Vorgesetzten.
- Selbst guten Schauspielern fällt es schwer, ihre Körpersprache zu kontrollieren. Deshalb bietet sie eine Fülle von Informationen über andere Menschen.
- Viele Unternehmen setzen bei der Bewerberauswahl auf Psychologie. Eine gut ausgeprägte emotionale Intelligenz (EQ) ist zur Einstellungsvoraussetzung geworden.

6 Konfliktmanagement

Konflikte gehören zum Führungsalltag

Auch beim Umgang mit Konflikten helfen Ihnen psychologische Erkenntnisse. Als Chef ist es ist Ihr Ziel, die Zahl der unnötigen Konflikte mit und zwischen Ihren Mitarbeitern zu minimieren und zugleich darauf zu achten, dass notwendige Konflikte offen ausgetragen und gelöst werden.

Ein Streit kann sehr produktiv sein.

Unproduktiv wird Streit immer dann, wenn er zum Zank eskaliert. Dann geht es nicht mehr um die Sache, sondern um den Triumph über den anderen. Wenn negative Emotionen die Oberhand übernehmen, gibt es unabhängig vom Ausgang des Streits nur Verlierer.

💣	**Debatte:** Zwei Standpunkte prallen aufeinander.
💣💣	**Verhärtung:** Die eigene Idee wird für überlegen gehalten. Das Schwarz-Weiß-Denken beginnt.
💣💣💣	**Taten – Aktionen:** Eine Strategie der vollendeten Tatsachen beginnt. Das Gefühl für den Standpunkt des anderen geht verloren.
💣💣💣💣	**Koalitionen:** Die „Gerüchte-Küche“ kocht. Beide Gegner suchen Anhänger für ihre Positionen.
💣💣💣💣💣	**Erste Angriffe:** Es kommt zu ersten öffentlichen Angriffen, die den Gesichtsverlust des anderen bezwecken.
💣💣💣 💣💣💣	**Drohungen:** Beiderseitige Drohungen nehmen zu. Ultimaten heizen die Eskalation an.
💣💣💣 💣💣💣💣	**Zerstörung:** Jeder Schaden des Gegners wird als eigener Gewinn betrachtet.
💣💣💣💣 💣💣💣💣	**Vernichtung:** Die Schädigung des Gegners wird selbst um den Preis, dass man sich selbst oder anderen schadet, mit allen Mitteln verfolgt.

Ein Eskalationsmodell

Die Eskalation erkennen und verhindern

Reine Sachargumente sorgen selten dafür, dass ein Streit eskaliert. Macht jedoch einer der Diskutanten den Fehler, eine offene Kampfansage durch die Form, in die er seine Worte kleidet, zu machen, driftet man schnell in diese Richtung. Unabhängig davon, ob die Kampfansage bewusst oder unbewusst erfolgt, hat sie eine verheerende Wirkung auf die Chance, den Streit sachlich und produktiv zu nutzen.

Angriffssignale

- Verwendung negativer Reizwörter
- direkte Ablehnung der Position des anderen
- „Killerphrasen"
- offene Geringschätzung der Gegenargumente
- drohende Mimik und Gestik
- Nichtbeachtung der Emotionen der Gegenseite

Deeskalierend wirkt es hingegen, wenn man dem Diskussionspartner signalisiert, dass man seine Argumentation anerkennt und würdigt.

Friedenssignale

- Verzicht auf persönliche Angriffe
- positive Formulierungen
- keine „Killerphrasen"
- Vermeidung von negativen Emotionen
- „Ich-" statt „Du-Botschaften" und aktives Zuhören

Tipp für Sie als Führungskraft!

Achten Sie im Vorfeld sorgfältig auf alle Anzeichen eines Konfliktes und intervenieren Sie nach Möglichkeit rechtzeitig. Prävention ist besser als Eskalation.
Kommt es doch zu einem Konflikt, versuchen Sie nach Möglichkeit nicht Partei zu ergreifen oder die Argumentation einer Seite zu übergehen.

Vermeiden Sie eine spontane Reaktion, sondern informieren sich zunächst umfassend über sämtliche Hintergründe des Konfliktes zwischen Ihren Mitarbeitern.

Beide Seiten der Geschichte kennen lernen

Werden Sie als Vorgesetzter um Vermittlung bei einem Konflikt gebeten oder möchten Sie eingreifen, bevor sich das Betriebsklima verschlechtert und Mobbing beginnt? Dann brauchen Sie Zeit, um sich in sachlichen Einzelgesprächen die verschiedenen Positionen anzuhören. Bitten Sie die betroffenen Mitarbeiter, ihre Aussagen mit Fakten zu belegen, und sichern Sie Vertraulichkeit zu. Schließlich handelt es sich nicht um ein Gerichtsverfahren, sondern um den Versuch zum beiderseitigen Nutzen zu vermitteln.

Erarbeiten Sie genau, um was es bei dem Konflikt wirklich geht.

Oft verstecken sich hinter scheinbaren Sachauseinandersetzungen Rivalitäten und Empfindlichkeiten auf der persönlichen Ebene. Falls möglich bringen Sie die streitenden Personen miteinander ins Gespräch und wirken Sie darauf hin, dass diese aus eigenem Antrieb vereinbaren, wie sie in Zukunft zusammenarbeiten möchten.

Sollten die Streitenden kein Interesse an einer einvernehmlichen Lösung zeigen, liegt es an Ihnen, Initiative zu zeigen. Ist eine Person/Partei klar im Recht, verhelfen Sie ihr zu diesem. Bleibt die Situation unklar, versuchen Sie, die streitenden Personen und ihre Aufgabengebiete so weit wie möglich zu trennen, und achten Sie bewusst darauf, von welcher Seite die nächsten Angriffe ausgehen.

Vorschläge zum Umgang mit Konflikten

- Vereinbaren Sie bereits im Vorfeld, wie mit Konfliktsituationen umgegangen wird.

- Erhalten Sie den Kontakt zwischen den Konfliktparteien. Ohne gemeinsame Gespräche ist es schwer, ein Problem einzugrenzen und Konfliktpotenzial abzubauen.
- Fordern Sie beide Seiten auf, die Position der Gegenseite zu verstehen und zu durchdenken. Nur, wer die Sichtweise des anderen kennt und versteht, hat die Grundlage für die Erarbeitung von Gemeinsamkeiten.
- Stellen Sie gemeinsame Interessen in den Mittelpunkt. Trotz allem Streit hat man oft gemeinsame Ziele und kann die Energie des Streites in diese umleiten.
- Nehmen Sie sich Zeit, um Emotionen abkühlen zu lassen. Nichts wird so heiß gegessen, wie es gekocht wird.

Mitarbeiter stets in ihrem sozialen Umfeld betrachten

Erik H. Erikson gehört zu den bedeutendsten Psychoanalytikern. Basierend auf den Erkenntnissen von Sigmund Freud sieht Erikson die menschliche Entwicklung als einen achtstufigen Prozess. Jede dieser Stufen stellt den heranwachsenden Menschen vor eine neue Herausforderung. Löst er diese, entwickelt er sich zu einem normal sozialisierten Mitglied der Gesellschaft. Gelingt dies nicht, so hat der Mensch in seinem weiteren Leben mit Problemen zu kämpfen.
Im Gegensatz zu Freund, der sich auf die Dreiecksbeziehung zwischen Vater, Mutter und Kind konzentriert hat, betrachtet Erikson die Beziehung zwischen dem Individuum und der Gesellschaft und betont den maßgebenden Einfluss des sozialen Umfelds – der so genannten Peer-Groups.
Sind Sie als Führungskraft nicht nur über die sachlichen Arbeitsbeziehungen Ihrer Mitarbeiter, sondern darüber hinaus auch über deren soziale und informelle Kontakte und Vorlieben innerhalb Ihrer Organisation informiert, können Sie sich abzeichnende Konflikte besser verhindern und Konflikteskalationen besser steuern.

Die Gestaltung des Arbeitsumfelds nach psychologischen Gesichtspunkten beugt Konflikten vor

Warum manche seiner Mitarbeiter so gereizt wirkten und öfter krank waren, konnte sich der Chef einer PR-Agentur zunächst nicht erklären. Hatten sie doch die gleichen Aufgaben wie ihre weniger angespannten Kollegen. Erst nach langer Suche erkannte er den Grund. Während die eine Hälfte der Mitarbeiter mit dem Rücken zur Wand saß und die Tür und evtl. Besucher im Blick hatte, saß die andere Hälfte mit dem Rücken zur Tür. Besucher hatten nicht nur freien Blick auf den Monitor der Mitarbeiter, sondern erschreckten diese häufig unbeabsichtigt beim Betreten des Raumes.

Das Beispiel zeigt, wie sich die Gestaltung des Arbeitsumfeldes nicht nur auf das Wohlbefinden, sondern sogar auf die Gesundheit der Mitarbeiter auswirkt. Ein Arbeitsplatz, an dem man nicht mit dem Rücken zur Tür sitzt, bietet emotionale Sicherheit und beugt so auch Konflikten vor.

My desk is my castle
Für viele Arbeitnehmer ist es wichtig, einen Arbeitsplatz zu haben, an dem sie Fotos und andere private Gegenstände hinterlassen können. Abschließbare Schubladen betonen diesen privaten Charakter.
Studien belegen, dass Mitarbeiter, die bei der Auswahl der Büroausstattung und der Software, mit der sie arbeiten, ein Mitspracherecht haben, weitaus leistungsfähiger sind als ihre Kollegen, die ihre Arbeitsmittel vorgeschrieben bekommen.

Tipp für Sie als Führungskraft!

Sorgen Sie dafür, dass Ihre Mitarbeiter sich an ihrem Arbeitsplatz wohl fühlen. Wenn Sie das Wohlbefinden der Mitarbeiter fördern, steigern Sie damit zugleich die Produktivität der Arbeit und beugen Konflikten vor.

Auf den Punkt gebracht

- Je höher die Eskalationsstufe ist, auf der ein Konflikt ausgetragen wird, desto schwieriger ist es, ihn in den Griff zu bekommen.
- Achten Sie daher schon im Vorfeld auf mögliche Konfliktsymptome, um möglichst frühzeitig eingreifen zu können.
- Vermeiden Sie unter allen Umständen spontane Reaktionen und Partei zu ergreifen.
- Informieren Sie sich über die Hintergründe eines Konfliktes, um objektiv urteilen zu können.
- Je besser Sie das soziale Umfeld Ihrer Mitarbeiter innerhalb Ihrer Organisation kennen, umso leichter fällt es Ihnen, Konfliktmuster zu erkennen.
- Erkennen Sie, wann ein Konflikt eine produktive Sachauseinandersetzung ist. Diese lässt sich auch mit Sachargumenten entscheiden.
- Handelt es sich hingegen um einen Streit auf der persönlichen Ebene, müssen Sie eingreifen. Lässt sich keine einvernehmliche Lösung finden, versuchen Sie, die Berührungspunkte der Kontrahenten zu reduzieren.
- Mitarbeiter brauchen Freiraum und einen Arbeitsplatz, der nach psychologischen Kriterien optimiert ist. Das steigert Wohlbefinden und Leistungsfähigkeit und beugt so Konflikten vor.

7 Wenn Psychologie „gefährlich“ wird

Kein Allheilmittel für alles und jedes

Psychologie hat das Ziel, Handlungen und Wünsche von Menschen zu analysieren und zu verstehen. Gefährlich wird es immer dann, wenn sich eine Wissenschaft zum Selbstzweck erhebt. Häufig kommt es dann vor, dass sie Menschen in die Irre leitet, Zeit und Ressourcen bindet und aufhört, das Leben der Menschen besser zu machen. Diese Gefahr besteht auch bei der Psychologie. Achten Sie deshalb darauf, welche Teilgebiete für Ihre Arbeit und Ihre Karriere hilfreich sind und welche Sie nicht weiterbringen. Dabei müssen auch populäre Bereiche der Psychologie hinterfragt werden. Die Entscheidung liegt bei Ihnen.

Hobby-Psychologen und Seelenstriptease

Große Vorsicht ist angesagt, wenn selbst ernannte Hobby-Psychologen anderen helfen möchten, mit ihrem Leben besser klarzukommen. Da wird aus dem Gespräch mit dem Freund, der immer so gut zuhört, schnell ein ungeplanter Seelenstriptease mit ungeahnten Folgen.

Schon oft wurden persönliche Geheimnisse, die man in vertraulicher Atmosphäre einem Freund erzählt hat, zum öffentlichen Gesprächsthema, wenn die Freundschaft einige Zeit später zerbrochen war. Und genauso oft haben wohlmeinende Hobby-Psychologen ihre „Patienten“ mit wohlmeinenden Tipps auf den falschen Weg geführt und so verhindert, dass sich Profis um die Lösung echter Probleme kümmern konnten. Sicher helfen Gespräche mit Freunden und anderen vertrauenswürdigen Menschen dabei, sich über die eigene Situation klar zu werden und Lösungsalternativen durchzusprechen. Die Behandlung schwer wiegender Probleme sollte man jedoch Experten überlassen, die ihre Möglichkeiten und Grenzen kennen und durch ihre Schweigepflicht und den professionellen Abstand die besseren Ratgeber sind.

Tipp für Sie als Führungskraft!

Überlegen Sie sich gut, wie viel aus Ihrem Seelenleben Sie fachlich nicht geschulten Personen anvertrauen möchten und welche Folgen dies haben kann.

Mythos Teamfähigkeit

Die meisten Stellenanzeigen fordern von den Bewerbern eine umfangreiche Sozialkompetenz. Ganz weit oben auf der Liste steht dabei Teamfähigkeit. Neueste Untersuchungen zeigen jedoch, dass eine zu ausgeprägte Teamfähigkeit sich negativ auf die Karrierechancen auswirkt. Wer stets für andere zurücksteht, die Verantwortung für Fehler Dritter übernimmt und andere mit den Erfolgen glänzen lässt, gewinnt in den Augen des Chefs kein eigenes Profil. Der Einzelkämpfer, den die Kollegen stets auflaufen lassen, hat aber ebenso wenig Chancen auf Erfolg.

Tipp für Sie als Führungskraft!

Genau richtig liegt man mit einer guten Mischung aus Teamfähigkeit und Eigenständigkeit. Arbeiten Sie im Team, aber stellen Sie Ihr Licht nicht unter den Scheffel. Das Team hat das Ziel, gemeinsam bessere Ergebnisse zu erzielen, nicht die schlechte Leistung mancher Teammitglieder zu decken.

Mythos Motivation

Das Thema Motivation ist heiß umstritten. Während die einen Autoren überzeugt davon sind, dass die Motivation der

Mitarbeiter wesentliche Führungsaufgabe ist, gehen andere davon aus, dass der Versuch, Mitarbeiter extrinsisch (also durch Belohnungen, Incentives und die Androhung von Strafen) zu motivieren, langfristig zum Scheitern verurteilt ist. Bekanntester Vertreter dieses Ansatzes ist Reinhard K. Spenger, der in seinem Buch *„Mythos Motivation"* umfassend darlegt, warum man am besten gleich von sich aus motivierte Mitarbeiter einstellt.
Mitarbeiter gewöhnen sich schnell an eine Gehaltserhöhung. Leistungsorientierte Bonuszahlungen werden zur Selbstverständlichkeit. Bleiben Sie später einmal aus, wirkt das demotivierend.

Tipp für Sie als Führungskraft!

Versuchen Sie, durch die Sache – also intrinsisch – motivierte Mitarbeiter zu gewinnen, und vermeiden Sie, diese durch Ungerechtigkeit, mangelnde Entfaltungsmöglichkeiten oder Misstrauen zu demotivieren.

Was Sie von den Seminaren mit den „beiden Gehirnhälften" halten können

Häufig erklärt die Literatur den Unterschied in der Wahrnehmung zwischen Männern und Frauen mit den unterschiedlichen Aufgaben der beiden Gehirnhälften und ihrer Verknüpfung. Wissenschaftliche Tests haben ergeben, dass die eine Gehirnhälfte für die Logik, die andere für Emotionen verantwortlich ist. Rechnen ist zum Beispiel eine typische Fähigkeit der linken Gehirnhälfte. Die rechte Gehirnhälfte denkt in Bildern und ist der Sitz der Phantasie. Studien besagen, dass Männer mehr auf die linke Gehirnhälfte fokussiert sind, während bei Frauen der Einfluss der rechten Gehirnhälfte größer ist.
Neueste Studien führten jedoch zu einer „Totalitätstheorie", nach der an gedanklichen Prozessen „durchmischte Hirnareale" beteiligt sind. Bei Ausfall bestimmter Hirnregionen

übernehmen andere deren Funktion. Eine klare Rollenteilung ist danach nicht mehr eindeutig festzulegen.

Tipp für Sie als Führungskraft!

Lassen Sie sich bei der Beurteilung einzelner Menschen nicht von den beiden Gehirnhälften verwirren. Genau wie es rationale Frauen gibt, gibt es kreative und künstlerisch veranlagte Männer. Gehen Sie auf jeden Menschen so ein, wie es seinem Wesen entspricht.

Simplifizierung, Standardisierung und Schablonendenken

Da jeder Mensch anders ist, führen Vereinfachung und Schablonendenken zu schlechten Resultaten. Während man materielle Dinge zur Vereinfachung nach bestimmten Kriterien sortieren und bewerten kann, muss man bei der Betrachtung von Menschen ganzheitliche Aspekte zurate ziehen, wenn man sich auf die Ergebnisse verlassen möchte.
Als Beispiel bietet sich die Partnerwahl an. Häufig hat man schon erlebt, dass die schönsten und komplexesten Computermodelle der Partnervermittlungen nur Kontakte zu Personen hergestellt haben, die man nicht näher kennen lernen will, während eine zufällige Begegnung beim Einkaufen oder bei der Arbeit zu einer langjährigen glücklichen Beziehung geführt hat.

Tipp für Sie als Führungskraft!

Vorsicht ist immer dann angesagt, wenn man von Ihnen verlangt, in Schubladen zu denken. Die Schubladen dürfen nur als grobe Orientierung dienen. Machen Sie die Schubladen niemals zu und zeigen Sie Offenheit für den zweiten Eindruck. Auch wenn es schwer fällt: Die Bereitschaft, den ersten Eindruck zu revidieren, ist wichtig für Sie und erweitert Ihren Handlungsspielraum.

Inflation und Missbrauch von Psychodrogen

Da viele Prozesse im menschlichen Körper auf chemischer Basis gesteuert werden, ist man in den USA dazu übergegangen mithilfe von Psychopharmaka Einfluss auf Verhalten und Stimmung zu nehmen. So wird gegen Depressionen oft das Medikament „Prozac“ mit dem Wirkstoff Fluoxetin verschrieben. Doch was bei Depressionen und Angststörungen eine gute Therapie sein kann, ist nach Ansicht der Kritiker inzwischen zum Modephänomen geworden und wird von zu vielen Menschen eingenommen.
Auch in Deutschland steigt der Verbrauch an Psychopharmaka immens. 80 Prozent davon werden von Hausärzten verschrieben, die dafür eigentlich gar keine Ausbildung haben. In Frankreich bekommt nach Schätzungen bereits fast jedes dritte Schulkind Psychopharmaka zur Beruhigung („hyperaktives“ Kind) oder Leistungssteigerung.
Weitaus riskanter als die Einnahme ärztlich verschriebener Medikamente sind unkontrollierte Experimente mit Psychodrogen wie LSD oder mit Pilzen, die Halluzinationen auslösen. Mithilfe der Drogen soll man in die Lage versetzt werden, sich als Einzeller oder auch als ganze Galaxie zu fühlen und in der Phantasie in dieser Rolle zu handeln. Da die Wirkung der Stoffe genau wie ihre Zusammensetzung unkontrollierbar ist, muss von diesen dringend abgeraten werden. Statt eine Bewusstseinserweiterung zu erleben, haben sich viele Nutzer im Krankenhaus wiedergefunden oder bleibende Schäden davongetragen. Auch die Möglichkeit einer Sucht ist bei Drogenmissbrauch nicht ausgeschlossen.

Auf den Punkt gebracht

- Prüfen Sie bewusst, welche Teilgebiete der Psychologie Ihre Karriere fördern und Ihnen wertvolle Informationen liefern können und welche nicht.
- Achten Sie darauf, wem Sie Informationen über Ihr Seelenleben anvertrauen. Schon viele Menschen haben den Seelenstriptease beim Hobby-Psychologen bereut.
- Gespräche mit Vertrauenspersonen helfen in vielen Situationen. Treten echte seelische Probleme auf, können Sie den Besuch beim Fachmann nicht ersetzen.
- Entscheiden Sie bewusst, wie teamfähig Sie sein möchten. Für Ihre Karriere ist eine gesunde Mischung aus Team-Player und Einzelkämpfer die beste Wahl.
- Echte Motivation kommt aus der Sache heraus. Ist jemand unmotiviert, kann auch der beste Chef mit Bonuszahlungen und Incentives nichts ausrichten.
- Nicht nur Männer und Frauen sind verschieden. Begegnen Sie jedem Menschen unabhängig von seinem Geschlecht so, wie es sein Wesen verlangt.
- Schubladendenken vereinfacht, sorgt aber häufig auch dafür, dass die Ergebnisse schlechter werden. Zeigen Sie Offenheit für den zweiten Eindruck.
- Medikamente können in Einzelfällen helfen. Die unkontrollierte Einnahme von chemischen Substanzen in Form von Drogen bringt hingegen Ihr Leben in Gefahr.

Literaturverzeichnis

Frindte, W.: Einführung in die Kommunikationspsychologie. Weinheim, 2001

Hornke, L.; Winterfeld, U.: Eignungsbeurteilungen auf dem Prüfstand: DIN 33430 zur Qualitätssicherung. Heidelberg, 2003

Klein, H.-M.; Kresse, A.: Psychologie – Vorsprung im Job. Berlin, 2005

Lück, E.; Miller, R.: Illustrierte Geschichte der Psychologie. Weinheim, 2002

Lück, E.; Sewz-Vosshenrich, G.: Klassiker der Psychologie. Stuttgart, 2000

Schuler, H.: Psychologie der Personalauswahl, Eine Einführung in die Berufseignungsdiagnostik. Göttingen, 2000

Schulz v. Thun, F.; Ruppel, J.; Stratmann, R.: Miteinander Reden: Kommunikationspsychologie für Führungskräfte. Reinbek 2001

Stock, A.; Stock, C.: Psychologie – Erleben, Verhalten, Bewusstsein. München, 2003

Wottawa, H.; Hossiep, R.: Anwendungsfelder psychologischer Diagnostik. Göttingen, 1997

Zimbardo, P.G.: Psychologie. Berlin, 2003

Stichwortverzeichnis